打造应对不确定性高能团队的技巧

管人的细节

鲁克德 ◎ 著

江西人民出版社
Jiangxi People's Publishing House
全国百佳出版社

图书在版编目（CIP）数据

管人的细节 / 鲁克德著. -- 南昌：江西人民出版
社, 2018.8

ISBN 978-7-210-10316-5

Ⅰ.①管… Ⅱ.①鲁… Ⅲ.①人才管理学—通俗读物

Ⅳ.①C962-49

中国版本图书馆CIP数据核字（2018）第060951号

管人的细节

鲁克德 / 著

责任编辑 / 胡　滨　刘荆路

出版发行 / 江西人民出版社

印刷 / 保定市西城胶印有限公司

版次 / 2018年8月第1版

2018年8月第1次印刷

880毫米×1280毫米　1/32　7印张

字数 / 140千字

ISBN 978-7-210-10316-5

定价 / 29.00元

赣版权登字-01-2018-269

如有质量问题，请寄回印厂调换。联系电话：010-64926437

孙老板手底下有个保健品公司，公司下面有一个业务部门，其中有十多个业务员，统一由业务经理领导。

在这十多个业务员中，有两个人业务做得最好，但他们和其他同事的关系却不太好。在其他同事看来，这两个人太"独"了，而且竞争心太强，把自己部门的人都当成竞争对手，老抢自己人的生意。

但是在这两个人看来，这完全是其他人的嫉妒心在作祟，认为其他人不像他们那样努力，还总是在背后说风凉话。

业务经理给孙老板建议，公司内部的和谐最重要，应该把这两个业务员辞退。但是，爱才惜才之心又让孙老板左右为难：是迁就那两个能干的人，还是迁就大家？于是，他便向人力资源方面的专家请教。

专家问："这两个人的人品有问题吗？"孙老板说："人品没问题，但个性有问题。"专家说："那真正的问题在于你的部门经理，他没有起到应有的协调作用。"

领导在经营企业的过程中，总会遇到各种各样的问题，如员工间的矛盾，员工在工作中的懈怠、推诿，工作分配与员工能力不相符等。如上述案例所展现的，并非一个简单的谁对谁错的问题，而是如何管人的问题。

如何管人？"管"意味着管理者要具有管人的能力和影响力，让自己成为大家的榜样，让大家向自己看齐；意味着要找到合适的人去做事，要学会慧眼识才；意味着要给员工提供合适的舞台，充分发挥出他们的才华；要学会用恩威并施的手段管出效率，用笼络人心的手段获得认同；"管"还意味着知人善用，要能把难管的人用好，而不是简单地把不好管的人开除。

管人，本质上就是修己安人。"其身不正，有令不行；其身正，不令而行。"以身作则最有说服力，管理者以身作则的行动是对员工最实际、最有力的动员和教育。管理者加强自身的心境修炼，提升自我的人格魅力，以德碑立口碑，以诚信树威信，用自身的表率行为影响员工，达到"随风潜入夜，润物细无声""桃李不言，下自成蹊"的效果。在此基础上，以慈母的手握利剑，严明纪律，奖惩分明，恩威并举，软硬兼施，让员工既服从又感激，打造出上下一心、坚不可摧的强大团队。

管人是管理者工作事务中的头等大事，把人管好，关系到一个企业的生存和发展。美国钢铁大王卡内基曾说过："将我所有的工厂、设备、市场、资金全部夺去，但是只要保留我的组织人员，四年之后，我仍将是一个钢铁大王。"无独有偶，美国通用汽车公司领导斯隆也说过类似的话："把我的财产拿走，但只要把我的人才留下，五年以后，我将使被拿走的东西失而复得。"把人管好，

"人才"即为"人财"。

对于管理者来说，把人管好不简单，把每一个人管好更是不平凡。"大处着眼，小处着手"，只有处处留心，从细节处脱颖而出，才能广揽五湖四海人才，汇聚天下精英智慧，在竞争激烈的商海中乘风破浪，浩荡前行！

目　录
Contents

第二章　人尽其才的 9 个用人细节

第三章　收放自如的 8 个授权细节

第四章　恩威并施的 9 个奖罚细节

第七章　修炼自身魅力的 8 个领导细节

第八章　人人都爱听你的 9 个沟通细节

导语　为什么要强调管人的细节

◎ 细枝末节体现人情味

假如你是一位统率千军万马的大元帅，你会过问每一个士卒的饥寒冷暖吗？事实上，这是根本不可能的。但是，你可以适时、适当地参加一些细致入微的工作事务，赢得大家的好感。

比如，你的下属得了一场大病，请了半个多月的病假在家养病。今天，他恢复健康，头一天来办公室上班，难道你对他的到来能面无表情，麻木不仁，不加半句客套，没有真诚的问候话语吗？

再比如，你同科室的一位年轻人找到了一位伴侣，不久就要喜结良缘，或者这位年轻人在工作上取得了突出成就，为本部门作出了杰出的贡献，难道你能不冷不热、无动于衷地不加一声祝贺称赞的话语吗？

这些小事足可以折射出领导人品质的整体风貌，大家会通过一些鸡毛蒜皮的小事，去衡量你，评判你。

一个优秀的管理者，只有做到了让员工们认识到自己的存在价值和具备了充足的自信之后，才有可能做到与大家产生内心的共鸣，事业才能迅猛发展。

土光敏夫使东芝企业获得成功的秘诀是"重视人的开发与活用"，时时处处为员工献上爱心。在他70多岁高龄的时候，曾走遍东芝在日本的各公司、企业，有时甚至乘火车亲临企业现场视察，有时，即使是星期天，他也要到工厂去转转，与保卫人员和值班人员亲切交谈，从而与职工建立了深厚的感情。他说："我非常喜欢和我的职工交往，无论哪种人我都喜欢与他交谈，因为从中我可以听到许多创造性的语言，使我获得极大的收益。"

管理者在对待员工时，一定注意做好这些细节，在培养中使用，在给予中索取，而且这种给予不仅是金钱的满足，更重要的是精神上的关怀，这才是管理员工的最佳境界。

弗雷德里克·史密斯是联邦快递的董事会主席，他以前是海军的一名上校。对于下属的爱护，他的看法是："我在海军里学到的最伟大的领导原则是，在一个讲求行动效率的组织里，必须爱护部队，海军尤其强调这条原则，它高于一切领导原则。在我发展联邦快递的数年里，它对于我具有无法估量的重要性。"一句话，联邦快递的成功归因于这条简单的原则——爱护你的员工。

世界上最成功的旅馆公司创立者马里奥特，就遵循着与史密斯的信仰一样的简单原则——"我们关心员工，员工关心客人"。

为员工着想是很多管理者成功的秘诀。只有考虑到员工们的想法，他们才能更好地为你办事。只有你真诚地去尊重人、关心人、理解人、帮助人，你才能最大限度地调动起他们的积极性和创造性。正如一位职员曾经说过的那样："领导把我当成牛，我就把自己当成人；领导把我当成人，我就把自己当成牛。"

如果你希望别人可以为你付出他们的全部，你必须要有人情味，将别人当做人来看待。

要让别人觉得你富于人情味，并不是通过宣扬自我来体现，而是实实在在地通过日常生活中的细节来加以表现。比如：

- 给到你办公室的人沏茶；
- 主动为女员工让路；
- 慰问生病员工；
- 休息时与员工聊天；
- 到员工常去的餐馆就餐；
- 与大家一起关注体育赛事；
- 和员工讨论文学、音乐等话题；
- 邀请员工家人一同共进晚餐；
- 给老员工和勤奋工作的人以赞美。

无论做什么，宗旨只有一条：将如何做一个人的原则应用于对待他人。无论事业取得多么骄人的业绩，也不将自己高高挂起。

如果管理者能在许多看似平凡的时刻，勤于在细小的事情上与下属沟通感情，经常用"毛毛细雨"去滋润员工的心灵，员工的心里会感受到无比的温暖，会全身心地投入到工作中，回报这种细致入微的关怀。

◎ 管理细节彰显企业的文化

管理界有一句名言："人管人累死人，文化管人管住魂。"文化是一种软性的力量，一个王朝不能仅靠刀马治天下，一个队伍也一样，要想实现长久的发展，就必须使文化的统合力融入每个人的血液。

有人说，文化就好像弥漫着某种味道的物资，只要你走进这间屋子，不论你愿意不愿意，都能闻得到。西方企业的管理者说，文化是一种"难以用物捕捉到它，却又无所不在"的东西。它像一根纽带，把员工和队伍的追求紧紧联系在一起，使每个员工都产生归属感和荣誉感。

仁达方略企业管理咨询公司董事长王吉鹏先生认为："企业文化像空气一样存在于企业之中。作为一种氛围，文化看似无形，却渗透到企业管理的每一个细节当中，它不是管理方法，而是形成管理方法的理念；不是行为活动，而是产生行为活动的原因；不是人际关系，而是人际关系反映的处世哲学；不是工作状态，而是这种状态所蕴涵的对工作的感情；不是服务态度，而是服务态度中体现的精神境界。总之，文化虽然流溢于一切企业活动之外，却又渗透于企业的一切活动之中，员工的一切行为都可以在这里找到标准和方向。"

良好的队伍文化可以使队伍成员在轻松愉快的环境中工作，这样，队伍成员之间就会彼此信任，且有共同目标，队伍的创造性和潜力会得到极大的激发，业绩当然也会显著增强；相反，如果是不好的队伍文化，则成员之间就有可能出现关系冷漠，上下级之间缺乏沟通和信任，部门之间互相推卸责任等现象，很容易导致队伍的内耗，使队伍目标无法实现。

老子告诉我们："天下大事，必作于细。"要想创造和维系好企业文化，我们就不能忽视管理中无处不在的诸多细节。有人打过一个形象的比方：机遇好像一位性格古怪的天使，它不喜欢盛装出场，总是喜欢乔装打扮成我们工作中的每一个细节、每一个问题，唯有心人能够把握。细节不仅能够决定最终的成败，而且代表着一个企业的处世风格，代表着一个企业的素养和能力。

星巴克咖啡对自己的定位是"第三去处"，即家与工作场所之间的栖息之地，因此让顾客感到放松舒适、满意快乐是公司的愿景之一。与大多数企业不同，星巴克从不强调投资回报，却强调"快乐回报"。他们的逻辑是：只有顾客开心了，才会成为回头客；只有员工开心了，才能让顾客成为回头客；当二者都开心了，公司也就成长了，持股者也会开心。而队伍文化则是他们获得"快乐回报"的最重要手段。为此，星巴克利用一切细节创造了这种平等快乐的团队文化。

首先，是管理者将自己视为普通一员，他们并不认为自己与众不同，应该享受特殊的权利，不做普通员工做的工作。比如，该公司的国际部主任去国外的星巴克巡视时，也会与店员一起上班——做咖啡，清洗杯碗，打扫店铺甚至洗手间，完全没有架子。

其次，星巴克以商店为单位组成队伍，每位员工在工作上都有较明确的分工，有人专门负责接受顾客的点菜、收款，有人主管咖啡的制作，有人专门管理内部库存……但每个人对店里所有工种所要求的技能都受过培训，因此在分工负责的同时，又有很强的不分家概念。也就是说，当一个咖啡制作员忙不过来时，其他人如果不算太忙，会主动帮忙其缓解紧张，完全没有"莫管他人瓦上霜"的态度。这种既分工又不分家的队伍文化是有针对性地进行强化训练的结果。

最后，鼓励并奖励合作，培训合作行为。所有在星巴克工作的员工，无论你来自哪个国家，在商店开张之前，都要集体到西雅图（星巴克总部）接受三个月培训。学习研磨制作咖啡的技巧当然用不着三个月，大部分时间用于磨合员工，让员工接受并实践平等快乐的队伍工作文化。由于各个国家间的文化差异，有时会遇到很大的阻碍。比如日本、韩国的文化讲求等级，很难打破等级让大家平等相待。最简单的例子就是彼此之间直呼其名，因为习惯了加上头衔的称呼，不加头衔称呼对方对上下级都是挑战。为了实践平等的公司文化，同时又尊重当地的民族文化习惯，结果就想出给每个员工起一个英文名字来解决这个矛盾。另外，公司还设计了各种各样有趣的小礼品来及时奖励员工的主动合作行为，让每个人都能时时体会到合作是公司文化的核心，是受到公司管理层高度认可和重视的。

队伍能否做大、做强，最重要的因素在于这个队伍是否有一种积极向上的、优秀的文化作支撑。这种文化又势必体现在管理中的各个细节上。只有落到实处，才能培养出一支团结协作、精干高效的队伍。

◎ 细微处考察出人的本性

考察是识别和衡量人才是否能够担当重任的非常重要的手段和方法。我国早在汉代就确定了刺史六条，用以监督和考察百官的政绩与行为，并把它立为百代不易之良法，可见，对人才的考察由来已久。

管理是一项复杂的工程，尤其是与人打交道更不能掉以轻心，匆忙给别人下结论，也就是说，防止出现过早下结论的错误，以免影响其他环节。许多高明的管理者都很善于从细微处考察人。

芝加哥第一国民银行来了位新总经理，名叫凯奇，几天以后银行出纳部的主任伏根要求拜会这位新总经理。其实伏根并没有任何要紧的事，只是想向新的总经理表示祝贺和致敬。

这位伟大的银行家凯奇，很喜欢与人闲聊，他对账目专家伏根的造访，表示了十分的热情。后来伏根回忆说："凯奇先生与我谈话时，专门寻根究底，所谈内容相当琐碎。从我的儿童时代一直问到现在，当然谈得最多的还是有关银行经验。这使我惊奇不已。"他又说："当时我就有些莫名其妙，回到自己的办公室后，心里愈发糊涂了。"

不久以后，一纸委任状下来，伏根被任命为银行的副总经理。六年以后，凯奇成为美国总统府的内阁成员，伏根便接替了凯奇的总经理职位。

凯奇遴选出这位非常出色的副手，并非一件偶然巧合的事。

他曾几度研究过伏根的为人及能力，而伏根并不知道自己被上司留心观察。而凯奇也并没有完全听取旁人对伏根的评价，也没有向伏根表明目的，只是与他交谈问他问题，聆听他的讲话，注视他外在表情，研究他的心底世界。

可以说，一个人在没有提防时所做的事和所说的话，最能反映出他平素的为人处世。

常言道，言为心声。了解下属的直接方法就是和他交谈。平时，领导要多接触下属，多与下属交谈，有意识地询问下属一些你关心和正在思考的问题，从下属的谈吐中初步判断他们的观念、才学与品性。

1.目光远大的人可以共谋大事

在询问下属"公司应该向何处发展""你有什么打算"等问题时，领导如果发现下属不满足于现状，有远大理想，有不同寻常的发展眼光，且想法也不空泛，那么，这是一个值得重用的人，可以提拔重用，成为共谋大事的搭档。

2.善于倾听的人能担大任

善于倾听别人谈话，能够抓住对方本意，领会其要旨，回答言简意赅的人能担当大任。

因为他们善解人意。善于倾听是一种修养，它只有经过长期的锻炼才能形成；同时，这些人想必具有谦逊的品德，有随和的个性，具备领导和管理的天赋。一般来说，三言两语就能切中问题要害的人，往往是思维缜密、周详而又迅速果断的人。他们对事物体察入微，而且客观全面，做出的决定也实际可靠，他们是能担当大任之人。此所谓"真人不露相，露相非真人"。启用他们，公司业务扩展获得的成果定会实实在在。

3."胆小"心细的人比轻易许诺的人更可靠

在布置任务时，有的下属常说"我担心……""万一……"之类的话。乍看起来，这种人给人一种胆小怕事的印象。其实不然，因为他们往往思维比较严密，能够居安思危，经常考虑到可能的各种情况和结果，同时也善于自我反省，明白自己的所作所为及其可能的结果，很有责任感。由于他们对工作中所遇到的困难和出现的问题有足够的重视，做起工作来，就会有条不紊越做越好。领导应当给他们加压、委以重任。

一个常轻松说"肯定是……""就这么回事""一定成""没问题"等话的人，往往给领导一个爽快能干的印象。事实上，这种轻下断言、轻易许诺的人是靠不住的。轻易断定没有任何困难，这至少表明他工作草率、不具备发现问题的能力；轻易许诺是缺乏承诺的诚意与能力的一种表现。

4.华而不实、言之无物的人不能使用

说话模棱两可，公式化的一问一答，善于应酬而胸中无策的人不可重用。

华而不实者，口齿伶俐，能说会道，口若悬河，滔滔不绝，乍一接触，很容易给人留下良好印象，并当做一个知识丰富、表达力强、善交往、能拓展业务的人才看待。但是，领导者不要被外表所迷惑，须要分辨他是不是华而不实的人。华而不实的人，善于说谈，谈古论今头头是道，而且能将许多时髦理论挂在嘴上，迷惑许多辨别力差、知识不丰富的人。考察这种人，谈话要多一些具体的问题，给予具体的任务，让他找出对策，试办具体的业务。如果此人谈话、做事避实就虚，圆滑应对，说明此人是华而不实者，当副手尚可，决不能独当一面。

总之，作为企业管理者，要学会从一言一行的细节处考察人才，管理公司。所谓细节决定成败，它也同样适用于人才的选择和企业的管理。在企业当中，日常做得最多的还是那些细节性的小事，惊天动地的大事毕竟只是少数。因此管理者考察人才和管理决策时，最应该注意的是员工平时在工作当中的细节问题和公司存在的普遍现象。所谓"见微知著，因小见大"即是指此而言。

◎　成事之始，事无巨细

人生在世，做大事不拘小节固然是一种处事态度，但这往往也是一种很危险的做法，不拘小节误大事的事例不胜枚举。无论是在工作还是生活中，做事认真仔细，才能把事情做得尽善尽美。很多时候，透过一件小事，足以看出一个人的态度和能力。

有三个人去一家公司应聘采购主管。他们当中一人是某知名管理学院毕业的，一名毕业于某商院，而另一名则是一家民办高校的毕业生。很多人认为这场应聘的结果再明确不过，然而事情恰巧相反。经过一番测试后，最后留下的是那位民办高校的毕业生。

在整个应聘过程中，他们在专业知识与经验上各有千秋，难分伯仲。随后招聘公司总经理亲自面试，他提出了这样一个问题：假定公司派你到某工厂采购4 999个信封，你需要从公司带去多少钱？

几分钟后，应试者都交了答卷。第一名应聘者的答案是430元。总经理问："你是怎么计算呢？""就当采购5 000个信封计算，可能是要400元，其他杂费就算30元吧！"答者对应如流，但总经理却未置可否。

第二名应聘者的答案是415元。对此他解释道："假设5 000个信封，大概需要400元左右，另外可能需用15元。"总经理对此同样没表态。

当他拿到第三个人的答卷，见上面写的答案是419.42元时，不禁有些惊异，立即问："你能解释一下你的答案吗？""当然可以，"这名毕业生自信地回答道，"信封每个8分钱，4 999个是399.92元。从公司到某工厂，乘汽车来回票价10元。午餐费5元。从工厂到汽车站有一里半路，请一辆三轮车搬信封，需用3.5元。因此，最后总费用为419.42元。"

总经理会心一笑，收起他们的试卷，当场决定录用给出"419.42元"的那位民办高校的毕业生。

工作就是由无数琐碎、细致的小事组成的，人们也是在这无数平凡的小事中创造不平凡的业绩的。这种重视细节的态度无论对个人和企业都是有益的。

在1996年海尔快速发展时，张瑞敏一再强调："目前，我们的一些中层干部目标定得很大，但工作不细，只在面上号召一下，浮浮夸夸，马马虎虎，失败了不知错在何处，成功了不知胜在何处，欲速则不达。"他的行动风格是，凡欲成就大事，事先都要做艰苦、周密的策划工作，对过程还要进行严密的监控。这种注重细节的严谨精神，使海尔获得了巨大的成功。

第一章　选出千里马的 8 个识人细节

　　这是一个进步的时代，这又是一个知识爆炸的时代。在这样的时代里，只有适者才能更好地生存，才能在社会中占据有利地位。时势给我们造就了无数的人才，他们分布在三百六十五行之中，作为一个有能力有魄力的管理者，关键就是要从芸芸众生中寻出"千里马"来，让他们做各行各业的"状元"。这是管理者成功的关键一步。

◎ 找对人才能做对事

著名管理专家柯林斯强调，必须在你想清楚要把车子开往何方之前，先把适当的人请上车（并且把不适合的人都请下车）。此外，要让公司从"优秀"变成"卓越"，在用人时必须精挑细选，非常严谨。

"先找对人"是个非常简单的观念，但很难做到——而且大多数的公司都没有做好。很多人都说选才很重要，但是有几个人能够做好？

"从优秀到卓越"的公司都有坚强的经营团队，反之，许多公司采取的却是"众星拱月"的模式，整个公司为伟大的天才搭建了表演的舞台。高高在上的天才是推动公司成功的主要力量，只要他还在位一天，就是公司的宝贵资产。天才几乎很少建立起卓越的经营团队，原因很简单，他们不需要也不想有卓越的经营团队。如果你是天才的话，你根本不需要个个可以独当一面的顶尖将才，你只需要大批优秀的士兵来执行你的伟大构想即可。然而当天才离开后，经营团队往往不知所措。

艾克德公司的领导人很懂得找出应该"做什么"，却没有能力"找对人"来组成优秀的经管团队。杰克·艾克德素来精力旺盛（他一面经营企业，一面竞选佛罗里达州州长），对于市场有天生的洞察力，也是谈生意的高手，原本只在德拉维尔州拥有两家小店，后来通过不断购并，建立起了连锁药房的王国。艾克德旗下的连锁药房遍布美国东南部。到了20世纪70年代后期，艾克德的营业额已经和华尔格林不相上下，眼看艾克德很可能脱颖而出，成为同业中的卓越公司。但就在这个时候，一向热切向往从政的艾克德离开了公司，竞选参议员，同时进入福特主政时期的美国政府。失去了艾克德的领导后，艾克德公司从此一路走下坡路，最后终于卖给了杰西潘尼百货公司。

艾克德和华尔格林的对比十分惊人。比如艾克德很懂得挑对药房来买；华尔格林则很懂得挑对人才来用。艾克德能看出哪一家店开在哪里最适当；华尔格林则能看出哪个人应该放在哪个位置最能发挥其才能。企业领导人最重大的决定莫过于挑选接班人了，艾克德在这方面完全失败，华尔格林却培养了好几位优秀的接班人选，最后挑选了其中最优秀的一位来接他的棒子。艾克德根本没有经营团队，只有一批能干的助手围绕在身边，策略中最主要的指导机制全藏在艾克德的脑子里；华尔格林公司的策略则是由优秀的管理人才分享洞见、共同讨论出来的。

事情是要通过人来完成的，而人的素质高低和才能大小则直接决定了事情能否高效顺利完成。只有先找对人，才能做成事情。世界上众多著名公司之所以取得成功，其关键在于用人的成功。

作为全球最大的快餐连锁公司，麦当劳的用人之道是：企业首先应是培养人的学校，其次才是快餐店。麦当劳用自己独特的职业道德取胜市场，着力于寻求相貌平平但具有吃苦耐劳创业精神的人，并以公司自身的经验和麦当劳精神来培训自己的职工。

东芝用人之道是要尊重人就要应委以重任，担得起100公斤的员工，就应该交给他120公斤，从而激发人的创造力。这种"重担子主义"的用人路线，使东芝经久不衰。

索尼公司不拘一格使用人才，演员出身的大贺则卫被录用，最后被提升为总裁的例子最为典型。他充分发挥自己声乐和经营方面的特长，九年以后，使得索尼的录音公司成为日本最大的录音公司。

IBM的每一个员工工资的涨幅，会有一个关键的参考指标，这就是个人业务承诺计划。对于IBM来说，制定承诺计划是一个互动的过程，员工和他的直属经理坐下来共同商讨这个计划怎么做才能切合实际。业务承诺计划的实质就是和企业立下了一个一年期的军令状，这样企业会非常清楚员工一年的工作及重点，而员工也会对一年的工作任务非常明白，剩下的就只有执行了。

◎ 一开始就找到优秀的人才

在一开始找到优秀的人才，对企业来说是至关重要的。而且这显然比以后解雇差的人员要容易一点。但是由于某些原因，一些企业老板在招聘员工组成企业中最重要的第一线服务队伍时，往往忽视一些警示性的迹象。

曾经，在美国发生了一起工作场所恶性暴力案：一家快餐连锁店的老板要求他雇用的一名男子离职，这个男子拒绝了这个要求。最后，这位男子持枪在店里出现。当他发泄完怒气时，多人被击伤。调查此案的警察和店家管理者发现，该男子曾被同一街区的另外几家快餐店解雇，都是因为他曾经暴露过一些举止上的问题，而且就在这家雇用他的连锁店的人事档案中还有一份"不推荐他重新受雇"的书面材料。由于该店管理不善，他的档案被搁在连锁店总部，于是他设法通过一种不引人怀疑的办法再次被雇用。

在全美八大航空公司中美国西南航空公司规模并不算大，但它多年来连续盈利，这在航空业中是十分难得的。它成功的奥秘在于招聘空姐的政策很特别：为保证乘客真的对空姐满意，请了二十多位乘客来做评委，给应聘者打分。该公司认为，如果这些乘客不喜欢这些应聘者，那么她们长得再漂亮也毫无意义。而且由乘客自己挑选的空姐，至少在培训方面的成本会降低，因为她们本身就是乘客喜欢的。

找对人才能做对事。因为一般来说，合适的人较少犯错误，他可以让你的企业获得更高的生产率，更重要的是这种人能独立地解决工作中出现的问题。所以你要试着只雇用那些素质足够高的，并能够了解你的工作系统的人。这种人效率更高，会以自己的方式去提供良好的顾客服务。他们不仅比同业竞争者雇用的员工工作得更出色，还不需耗费太多的精力来指导他们，能节约培训的成本。即使你多付些薪资也很值，因为你使自己的事业运作更有效率了。

举一个汽车销售的例子：一位汽车销售商A手下的全部雇员每月能为他卖出100辆车，平均每人卖8辆车，就表示他大概需要12位业务员；而另一位经销商B的业务员平均销售量是每月12.5辆，如果每月售出也是100辆车，那么他只需雇用8个人，其办公室里减少了4套桌椅、4部电话和4位支薪人员，他将省下4个人的工资作奖励金以吸引更杰出的业务员。如此一来，销售商B这里能赚到高薪的事实就会传遍业内，就能吸引业内最优秀的业务员来为他工作。这一切都归功于销售商B以较少的业务员就可达成销售目标，使每一辆汽车的销售成本降低，结果大家都是赢家。

◎ 识人要心到眼到胆到

走过了识人、纳才的最初的艰难阶段，管理者有了自己的人才。这是择才的前提。所谓择才就是管理者按照一定的准则选择区分不同的人才，为随之而来的用才作准备。人常言"择才而用"，说明择才是任才的前提。

择才虽看起来是一个不易分辨的过程，因为随之而来的就是任长。但择才却是不可缺少的，在整个用人过程中是一个重要的环节。它是连结识才、纳才和任才的中间桥梁。招纳贤士为管理者奠定了一个坚实的基础，若要任才就是"万事俱备，只欠东风"，差的是择才。若没有选择人才的过程，管理者用人时就有可能一塌糊涂，最后用人不当致其失败。总之，择才有其存在的合理性、必然性。

管理者择才不仅要从自身入手，还要遵循一定的准则。主观方面的因素可以适当注意，而客观方面的一些由前人经验总结而来的规则，则必须经常学习。择才就如同一场游戏，若不懂游戏规则，而空有一种美好的愿望和拼搏的精神，结果是不能如愿的。

管理者识人首先应注意一下主观方面的因素，这些因素包括爱才之心、识才之眼和择才之胆。有爱才之心，才会积极地去识才和纳才，这是最大的内在驱动力。伯乐因为有爱才之心，在千里马遭受磨难时，他才会"下车攀而哭之，解纻衣以幂之"，因此千里马也视伯乐为知己，也就"俯而喷，仰而鸣，声达于天"。管理者有爱才之心就会大胆地选择人才并加以任用。爱才之心是否真的拥有，一个简单的方法就可以推知。管理者不是爱才吗？如果有能力比你强的人你就想方设法把人家拒之门外，这还叫爱才吗？故管理者择才应忌武大郎开店，不能只选择比自己能力弱的人才。

管理者通过识才知道了一个人是人才，那这个人是什么样的人才呢？又该把他用到何处？这或许不是光靠识才就能做到的。要更深层次地了解人才，管理者就必须在择才时独具慧眼，否则就是"盲人骑瞎马——方向不明"。选择人才既要看其本身的素质又要考虑今后的潜力发挥。我国著名运动员李宏平，最初到粤剧团就被刷了下来，到省体操队又没能如愿，到省跳水队还是没有选中，而这时国家跳水队教练梁伯熙慧眼识才，看准了其体形、腿形和脚形，终于把他培养为一个"水上芭蕾王子"。

另外，管理者还应有择才之胆。要选择自己满意的人才而加以任用，有时会遭到外界的反对，要不为外界压力所动摇，坚持自己的选择，管理者必须具有一定的胆量和魄力。而且，管理者具备了主观方面的一些因素，还必须遵循择才的一些客观准则。

◎ 选拔人才，向外求不如向内看

许多领导者对别处的人才十分留意，也十分重用，但是却对自己企业内的人才认识不足。他们天天在讲广招人才，但是往往看不到本单位中的人才和潜力，往往是眼睛向外，认为"外来的和尚好念经"，不是伸手向上级要，就是不断向社会上"招聘"，"人才难求"成了他们常念的"苦经"。而另一方面，人们又常常听到这些企业内的成员发出"怀才不遇"的感叹，使企业内的人才闲置，造成很大的人才资源浪费。他们不懂"千里马"往往就在管理者的身边。

美国玫琳凯化妆品公司是内部提拔干部的典范，如果公司内部有合格的人选，他们一般不聘请外人来公司任职。

他们的做法是，当一个部门的领导层出现空缺时，该部门的经理必须向公司人事部门正式提出担任这一职务必须具备的条件，人事部门即在每栋办公楼的布告栏上公布这一消息，公司里的每一个人都可以申请担任这个职务。无论申请者现在干什么工作都没有关系。他们同所有申请者面谈，从中择优录取，如果认为申请者都不理想，他们才聘请外人补缺。在许多情况下，补缺的是他们自己的人。

他们认为这种做法对他们有积极作用。因为这种晋升的机会创造了一个良好的风气，它激励雇员们从长远角度考虑自己同公司的关系。它向刚加入公司的人表明，他们不会永远待在最低层。如果他愿意提高技术，增加对公司运转情况的了解，公司也可以给他提供多种其他工作。这种做法使人员外流减少到最低限度，他们认为训练一名精通业务的雇员要花几个月的时间，如果失去他损失就太大了。

并且，这种做法还会产生连锁反应。例如，经理层出现一个空缺后，可能会有十几个人申请补缺。一旦公司选中某人补缺后，又会有另外十几个人要求得到补缺者担任的职务。等到这个空缺有人填补后，也许在更低位置上的某人又顶上来。正是：一根钓鱼竿，可钓一大串。

许多组织都赞成从内部选拔提升人员，因为他们认为，从内部提升有许多优点，有利于组织目标的实现，这些优点主要是：

（1）由于对组织中人员有比较充实和可靠的资料供分析比较，候选人的长处和弱点都看得比较清楚。因此，一般来说，人选比较准确。

（2）被提升的组织内成员对组织的历史、现状、目标以及现存的问题比较了解，能较快地胜任工作。

（3）可激励组织成员的上进心，努力充实提高其本身的知识和技能。

（4）组织成员感到有提升的可能，工作有变换的机会，可提高员工的兴趣和士气，使其有一个良好的工作情绪。

（5）可使组织对其成员的培训投资获得回收，获得比当初投资更多的培训投资效益。

企业之间的竞争实质上是人才的竞争。作为一个领导者，如何在最短的时间内发现人才，利用人才，开发好人力资源，关键是立足于企业内部发掘，绝不能使身边的人才闲置而却常说人才难求，浪费过多的人力和财力去"招聘"。在用人时，应明确不是为了克服人的弱点而是为了发挥人的长处。眼睛老是盯着下属的缺点，而忽视了他们身上最闪亮的光点，没有给他们创造应有的条件，就会使他们的潜力得不到发挥。

◎ 年龄，只是用人的参考

在选才用才上，很多领导者把年龄作为一个必要条件，他们认为年龄大者工作经验丰富，专业技术娴熟，为人处世周到，很容易与同事打成一片，而年轻人，浮躁、喜欢强出头，因此，领导者总是不放心年轻人，不敢委以重任。

其实，领导者应该懂得，起用年轻人，不仅是为了适应世界新技术革命挑战的需要，而且是保证企业后继有人的战略决策。

如果不是青出于蓝而胜于蓝，企业就无从发展。因此，领导者应当认识到，提拔后起之秀是自己的责任，在实践中，要十分注意破除年龄限制，大胆启用后起之秀。

不知何时起，一些基层单位在干部的选拔晋升上，把年龄作为一个必要条件，有的单位规定，工人过了35岁不能提干，一般干部过了40岁不能晋升副科级。可见，他们的干部任用及干部的升迁是按年龄划分的，而不是干部的德、能、勤、绩、廉五个方面的综合情况。

1982年爆发的英阿马岛之战最终以英国获胜而告终。英国的战时内阁在决定出兵的当天，便着手讨论特遣队司令的人选。撒切尔夫人选择了伍德沃德，一时国内大哗，因为伍德沃德少将是连一仗都没打过的"年轻人"。而在英海军中，光是参加过第二次世界大战和苏伊士之战的老将军就可以组成一个联队，在其中选个舰队司令根本不成问题。但撒切尔夫人不为所动："让这个人去！"其理由有三：一是他当年以优异的成绩从海军学院毕业，又多次到各种军事院校进修，拥有良好的现代军事素养；二是他曾经当过最优秀的潜艇和驱逐舰指挥官，有熟悉舰艇和独立指挥的经验和优势；三是他曾任国防部海军作战计划处处长，使他拥有全面熟悉海战的条件。

在很多情况下，领导者都不会像"铁娘子"撒切尔那样刚毅果断地作出决策，因为他们一是担心年轻人办事不牢靠，办砸了自己得担责任，受牵连；二是害怕年轻人青出于蓝而胜于蓝，危及自己目前拥有的权力和地位，因此压制后进。但据统计，人的一生中25～45岁之间是创造力最旺盛的时代，被称为创造年龄区。从实践看，年轻干部精力充沛，吃苦耐劳。他们朝气蓬勃，最积极，最有生气，乐于学习，善于探索，勇于创新，接受信息和更新知识的能力强，对新事物最敏锐，最少保守思想。因此，不敢重用年轻人，既耽误他人，也不利于自己发展。

◎ 重视才华，更重视人品

在美国有一个广泛流传的故事：

美国加州的"数码影像有限公司"需要招聘一名技术工程师，有一个叫史密斯的年轻人去面试，他在一间空旷的会议室里忐忑不安地等待着。不一会儿，有一个相貌平平、衣着朴素的老者进来了。史密斯站了起来。那位老者盯着史密斯看了半天，眼睛一眨也不眨。正在史密斯不知所措的时候，这位老人一把抓住史密斯的手："我可找到你了，太感谢你了！上次要不是你，我可能就再也看不到我女儿了。"

"对不起，我不明白您的意思。"史密斯一脸迷惑地问道。

"上次，在中央公园里，就是你，就是你把我失足落水的女儿从湖里救上来的！"

老人肯定地说道。史密斯明白了事情的原委，原来他把自己错当成他女儿的救命恩人了："先生，您肯定认错人了！不是我救了您女儿！"

"是你，就是你，不会错的！"老人又一次肯定地回答。

史密斯面对这个感激不已的老人只能做些无谓的解释："先生，真的不是我！您说的那个公园我至今还没去过呢！"

听了这句话，老人松开了手，失望地望着史密斯："难道我认错人了？"

史密斯安慰老人："先生，别着急，慢慢找，一定可以找到救你女儿的恩人的！"

后来，史密斯接到了寻取通知书。有一天，他又遇见了那个老人。史密斯关切地与他打招呼，并询问他："您女儿的恩人找到了吗？""没有，我一直没有找到他！"老人默默地走开了。

史密斯心里很沉重，对旁边的一位司机师傅说起了这件事。不料那司机哈哈大笑："他可怜吗？他是我们公司的总裁，他女儿落水的故事讲了好多遍了，事实上他根本没有女儿！"

"哦？"史密斯大感不解。那位司机接着说："我们总裁就是通过这件事来选人才的。他说过有德之才才是可塑之才！"

史密斯被录用后，兢兢业业，不久就脱颖而出，成为公司市场开发部总经理，一年为公司赢得了 3 500 万美元的利润。当总裁退休的时候，史密斯继承了总裁位置，成为美国的财富巨人，家喻户晓。后来，他谈到自己的成功经验时说："一个一辈子做有德之人的人，绝对会赢得别人永久的信任！"

世间技巧无穷，唯有德者可用其力！世间变幻莫测，唯有品格可立一生！

这就是作为一个成功人士或希望成为一个成功人士的人应该具备的道德品质，"道之以德"，"德者得也"。

《左传》中说："太上有立德，其次有立功，其次有立言，传之久远，此之谓不朽。"最上等的，是确立高尚的品德；次一等的，是建功立业；较次一等的，是著书立说。如果这些都能够长久地流传下去，就是不朽了，这就是告诉我们，要以道德来规范自己的行为，只有具备优秀品质的人，才能得到人生的乐趣、生命的精彩。

人品，是人生的桂冠和荣耀。它是一个人最高贵的财产，它构成了人的地位和身份本身，它是一个人在信誉方面的全部财产。人品，使社会中的每一个职业都成为荣耀，使社会中的每一个岗位都受到鼓舞。它比财富更具威力，它也比财富更有魅力，它使所有的荣誉都毫无偏见地得到保障。它伴随着时时可以奏效的影响，因为它是一个人被证实了的信誉、正直和言行一致的结果，而一个人的人品比其他任何东西都更显著地影响别人对他的信任和尊敬。

人生道路，不管你是自主创业还是为人做事，都要牢记"最重要的是人品"这句箴言，这有助于你走上成功之道。

◎ 忠诚的人是企业最信任的人

中华民族自古就以"诚信为本"，诚实是一个人应有的品德。诚者忠诚，诚者不欺，用诚实之人既可使领导真正了解内部的情况，同时又会在外界树立良好的口碑。

1.诚实者不欺

一般情况下，诚实的人绝不隐瞒自己的缺点，也不掩饰自己所犯的错误，有什么情况都完全地反映给上级。这对管理者是极有利的，因为通过他们，可以清楚地知道整个团体内部的情况，如果有不如意之处可以马上改正。领导怕就怕下级把虚假信息告诉自己，这样就很难看清形势，从而阻碍事业的发展。因此管理者都乐意用正直诚实的下属。宋朝鲁宗道在朝廷为官，一次宋真宗有事找他，使者到他家时，鲁宗道却不在家。过了很久，鲁宗道才从酒馆里回来。使者要先回去向皇上回报，担心地问："如果皇上怪罪下来，你用什么事推托一下呢？"鲁宗道笑着说："就如实说吧？"使者说："这样你会获罪的？"鲁宗道说："饮酒乃人之常情，欺君才是大罪啊？"果然，使者回去如实报告，真宗感慨鲁宗道诚实可靠，遂加以重用。

时至今日，任用诚实之人仍然极为重要，因为在这尔虞我诈的年代，能守着自己心灵的净土的人并不多，这样诚实更是难能可贵。

2.诚实能给团体带来信誉

对外能诚实地说明自己的缺点，别人不但不会讨厌你，反而会更加了解你，从而支持你。因为诚实说明你是真心的。而一味地掩盖自己的不足，虽被装饰得冠冕堂皇，若一旦东窗事发，人们知道真相后就会唾弃你并从此不再理你。所以领导识人用人就要以诚为贤，加以任用，这样可以提高团体的信誉，而信誉是用多少钱都买不到的。

美国有一家面包公司的董事长凯瑟琳·克拉克给下属制定了

严格的规定：出售的面包超过了3天不卖就要运回公司销毁。有一年秋天，美国某州发生水灾，粮食紧缺，面包脱销。这天，一个员工开着满载要销毁的面包的汽车行驶在灾区的路上，半路饥饿的灾民看见了，把车团团围住，要买下这一车的面包。员工坦诚地说："这是过期的面包，公司规定是不能卖的，不然我的饭碗就丢了。"但饥饿的灾民却顾不了那么多，一定要买，一旁的记者也来说情。最后万般无奈之下，他想出了一个巧妙的办法，演了一场强买的喜剧。这事在电视上播出以后，公民为这位员工的诚实所感动，因此公司的形象也骤然而升，面包的销量在几天内就增加了好几倍。这家公司成功的关键就是善于用诚实的人。

讲诚实特别是在商业中极为重要，从上面事实就可以知道。因为与人谈生意不是一次两次，要使自己的企业兴旺发达，必须打算好做长久生意。就算骗得几万，又有何益，骗得了第一次却骗不了第二次。这样反倒把自己的牌子给砸了，真是"搬起石头砸自己的脚"。

信誉是一个企业的生命，要让自己的企业长盛不衰，领导用诚实之人是一个不可缺少的条件。

◎ 没有缺点的人往往优点也少

得人才者兴，失人才者衰。大到一个国家，小到一个企业都是如此。企业的竞争，归根到底是人才的竞争。当企业竞争的重点逐步从争资源、争市场、争技术转向争人才时，人才竞争已经成为每个企业必须面对的战略性问题。

人作为个体，各有短长，如果用之得当，人人都是人才。垃圾是放错了地方的资源，而天才是放对了地方的人才。清人顾嗣协写过一首诗："骏马能历险，犁田不如牛。坚车能载重，渡河不如舟。舍长以就短，智者难为谋。生材贵适用，慎勿多苛求。"历险用马，犁田用牛，这是人尽皆知的常识，但其中隐含着一条深刻的用人规律，就是知人善任，用其所长。

林肯说："我的生活经验使我深信，没有缺点的人往往优点也很少。"

德才兼备、能文能武、能说能做的完美人才古今少见。大多数有才华者不是恃才傲物就是缺点明显，让领导爱起来比较难。百事不成、既穷又老的姜子牙直钩垂钓，可谓傲慢至极，文王容而爱之，尊崇备至，终成灭商兴周大业；管仲与好友鲍叔牙合伙经商时爱占便宜，出征打仗时冲锋在后、退却在前，但管仲遇到齐桓公这位明主后，卓越的治国才能得以发挥，帮助齐桓公成就了霸业。

有的企业家就非常善于用人，他让爱吹毛求疵的人去当产品质量监督员，让谨小慎微的人去当安全生产监督员，让喜欢斤斤计较的人去参加财务管理，让爱道听途说的人去当信息员，让性情急躁、争强好胜的人去当突击队队长，让办事婆婆妈妈的人去抓劳保。结果，这个企业变消极因素为积极因素，员工各尽其力，企业效益倍增。

　　由此可以看出，只要安排到合适的位置，人人都是人才。如果领导苛求人才，希望人才十全十美，必定难以找到人才。作为领导，不应以找出人的短处来显示自己的聪明，而是要发现别人的长处，并通过合理搭配，把"有缺陷"的人才整合成完美的人才组合，发挥其整体优势。

　　因此，企业在"识人"的过程中，要在尊重人才、爱护人才、培养人才和使用人才上形成一种习惯，即人人都是人才。要相信人的潜能是无限的，相信人人都有才，相信人人都能成才，坚持人人平等的原则，为人才提供一个宽广的舞台，使他们能为企业作出更大的贡献。

第二章　人尽其才的9个用人细节

如果我们把人才比作一粒种子，要想让人才在单位发挥最大能量，取得最大利益，作为管理者就要掌握单位各类人才的专业特长，根据单位岗位设置情况，科学合理地选择优秀人才配备相应岗位施展其才能。把人才放在最适宜成长的位置，做到了知人善任，不仅是一种用人观念，更是一种智慧。

◎ 才能与职位要相称

古人曰："君子所审者三，一曰德不当其位，二曰功不当其禄，三曰能不当其官，此三者乃治乱之源也。"可见，能当其位是任人的重要原则，是判断领导者任人是否正确的首要标准。在任人时，领导者对人才一定要量体裁衣，既不能让统御千军的将帅之才去做伙头军，也不能让县衙之才去当宰相；既不能让温文儒雅、坐谈天下大事的文官去战场上驰骋，也不能让叱咤风云、金戈铁马的武将成天呆在官廷内议事。而应该辨清各自的特长，派其到相符的地方或授予其相应的职位。不当其位、大材小用或者小材大用都是任人失败的表现。不当其位，当然就无法发挥人才的长处，空得满腹经纶却无处施展；大材小用造成人才的极大浪费，必挫伤人才的积极性，使其远走高飞，另谋高就；小材大用只会把原来的局面越弄越糟，成为专业发展路上的绊脚石。"用人必考其终，授任必求其当"，古人已经给现代领导们做出了榜样。

狄仁杰就是一位善于任人的官吏。有一天，武则天问狄仁杰："朕欲得一贤士，你看谁能行呢？"狄仁杰说："不知陛下欲要什么样的人才？"武则天说："朕欲用将相之才。"狄仁杰说："文学之士温藉，还有苏味道、李峤，都可以选用；如果要选用卓异奇才，荆州长史张柬之是大才，可以任用。"武则天于是擢升张柬之为洛州司马。过了几天，武则天又问贤。狄仁杰说："臣已推荐张柬之，怎么没任用？"武则天说："朕已提拔他做洛州司马。"狄仁杰说："臣向陛下推荐的是宰相之才，而非司马之才！"武则天于是又把张柬之升迁为侍郎，后来又任他为宰相。事实证明，张柬之没有辜负重任。可见狄仁杰多么懂得任人应当其位的道理！

　　在考虑能当其位的过程中，领导者不能仅仅以人才能力的高下来衡量，还得考虑人才的性格、品行。如果一个人性格懦弱、不善言辞，则不宜让他担任公关和推销方面的任务；如果一个处事较随意，且常出一些小错，不拘小节，就不应任用他做财务方面的工作；如果一个人品行不太端正，爱占小便宜，且比较自私，对这种人尤其要小心任用，最好不要委以重任或实权，使其处于众人的监督之下，不至于危害大局，一旦发现其恶劣行为，立即严惩不怠，绝不心慈手软。作为领导，在任人时一定要就人才的能力、性格和品行等方面综合考虑，再授予其一个适当的位置。

　　此外，领导者还需考虑一个重要因素，即年龄的因素。某个工作岗位可能有两个人可以胜任，一个年轻，一年长。对此，领导者就应该考虑年轻人和中年人在性格上的差异：年轻人热情奔放，充满活力，且敢做敢闯，创造力强；中年人沉稳、冷静、忍耐力强且经验丰富、老道。年轻人缺乏的是经验，中年人缺乏的是闯劲。了解到这些，领导就可以根据该项工作的特征确定合适的人选。

同时，领导者还不能忽视年龄层次问题，机关部门、事业单位员工的年龄可以适当偏大一些，姜毕竟还是老的辣，而企业员工的年龄要年轻化一些。对企业领导者，如果发现有几人都能胜任某一项工作时，可尽量任用年轻人，因为年轻人精力充沛，后劲十足，工作年限还很长，而年纪较大的人可能即将离任。这样安排可以避免公司出现人才断层，有利于公司持续快速发展。

◎ 适用的人才即是最好的

早在20世纪50年代，松下幸之助指出：各单位的情况有所不同，老实说，人员的录用，以适用单位的程度就好，程度过高，不见得一定有用，"适当"这两个字是很要紧的。

20世纪60年代，盛田昭夫的《让学历见鬼去吧》可谓一鸣惊人。因为，当时的日本还沉浸在一种过于重视文凭的氛围中，盛田昭夫的这一创新使得索尼人才济济。

索尼公司不仅拥有众多的科技人才，同时，还特别重视选拔和配备具有高度创新精神的领导班子。在选拔高级领导这个问题上，索尼公司从不录用那些仅仅能胜任某一个具体职位的人，而是乐于起用那些拥有多种不同经历、喜欢标新立异的实干家。索尼公司也从不把人固定在一个岗位上，而是让他们不断地合理流动，为他们能够最大限度地发挥个人的聪明才智提供机会。在这样的环境中，索尼人特别乐于承担那些具有挑战性的工作，个个积极进取，人人奋勇争先，整个公司始终充满了生机和活力。几十年来的辉煌历程清晰地表明，索尼公司所取得的巨大成功，源泉正是——索尼人。

选拔人才要以适用为原则，引进的人才必须能胜任工作，能承担岗位职责，能为企业做出贡献。否则就是浪费企业的资源和成本，为企业的经营造成阻碍和损失。

现代经济社会的竞争是激烈与残酷的，而这势必给每一个单位每一个员工造成强大的压力。单位是否能顶着压力前行，是否能在竞争中脱颖而出，要看员工的综合技能，这不仅要看员工的技术水平和工作能力，还要看员工是否具备良好的心理素质。

在招聘新员工时，你是否考虑过这些问题：新招进来的员工是否具有创造才能和创造精神？是否能领导和训练他人？他是否能在团队中工作？他是否能随机应变并善于学习？他是否具有工作热情和紧迫感？他在重压之下能否履行职责……在一些发达国家或地区，如美国、日本、英国等越来越重视对员工心理素质的考察，并通过一系列心理素质测定来判定招聘对象心理素质的高低。他们认为，这是一个可以减少冒险，促进做出完美决定的过程。其实，目的只有一个：找到心理素质较好的人才。

一个真正意义上的人才应是德才兼备的。才，无可置疑，就是反映在工作能力和心理素质上；而德，一般来说就是从工作态度中体现出来。良好的工作态度，往往能为本人带来工作激情和动力，从而提高工作效率。当然我们不能将工作态度简单地和工作绩效联系在一起，还必须考虑到单位环境的各种具体条件的影响，这是单位在日常经营管理时所应该考虑和处理好的客观因素，而在进行人员招聘时，应聘者所持有的工作态度，却是我们不得不考虑的主观因素。由此为本单位选拔到具有良好工作态度的人才，必将能使以后的经营管理工作事半功倍。

◎ 让韦陀和弥勒，各做各的事

任何一个组织都是众人的集合，有才华出众者，有泛泛之辈者，有八面玲珑者，有谨小慎微者，等等。真可谓各色人等，长短不一。但用人问题的关键却在于，要用人之长，这是管理者用人的眼光和魄力之所在。现代领导科学的领导理念是，一个人的短处是相对存在的，只要善于激活他某一方面的长处，那么这个人则可能修正自我，爆发出惊人的工作潜能。

去过寺庙的人都知道，一进庙门，首先是弥勒佛笑脸迎客。而在他的北面，则是黑口黑脸的韦陀。但相传在很久以前，他们并不在同一个庙里，而是分别掌管不同的庙。弥勒佛热情快乐，所以来的人非常多，但他什么都不在乎，丢三落四，没有好好地管理账务，所以常常入不敷出。而韦陀虽然管账是一把好手，但成天阴着个脸，太过严肃，搞得人越来越少，最后香火断绝。

佛祖在查香火时发现了这个问题，就将他们俩放在同一个庙里，由弥勒佛负责公关，笑迎八方客，于是香火大旺。而韦陀铁面无私，锱铢必较，则让他负责财务，严格把关。在两人的分工合作中，庙里一派欣欣向荣景象。

其实在高明的管理者眼里，没有废人，正如武功高手，不需名贵宝剑，摘花飞叶即可伤人，关键看如何运用。

在一次宴会上，唐太宗对王珪说："你善于鉴别人才，尤其善于评论。你不妨从房玄龄等人开始，都一一做些评论，评一下他们的优缺点，同时和他们互相比较一下，你在哪些方面比他们优秀？"王珪回答说："孜孜不倦地办公，一心为国操劳，凡所知道的事没有不尽心尽力去做，在这方面我比不上房玄龄。常常留心于向皇上直言进谏，认为皇上能力德行比不上尧舜很丢面子，这方面我比不上魏徵。文武全才，既可以在外带兵打仗做将军，又可以进入朝廷当领导担任宰相，在这方面，我比不上李靖。向皇上报告国家公务，详细明了，宣布皇上的命令或者转达下属官员的汇报，能坚持做到公平公正，在这方面我不如温彦博。处理繁重的事务，解决难题，办事井井有条，这方面我也比不上戴胄。至于批评贪官污吏，表扬清正廉洁，疾恶如仇，好善喜乐，这方面比起其他几位能人来说，我也有一日之长。"唐太宗非常赞同他的话，而大臣们也认为王珪完全道出了他们的心声，都说这些评论是正确的。

从王珪的评论可以看出唐太宗的团队中，每个人各有所长。但更重要的是唐太宗能将这些人才依其专长运用到最适当的职位，使其能够发挥自己所长，进而让整个国家繁荣强盛。未来企业的发展是不可能只依靠一种固定组织的模式而运作，必须视企业经营管理的需要而有不同的团队。所以，每一个管理者必须学会如何组织团队，如何掌握及管理团队。

管理者应以每个下属的专长为思考点，安排适当的位置，并依照下属的优缺点，做机动性调整，让团队发挥最大的效能。最糟糕的管理者就是漠视下属的短处，随意任用，结果就会使下属不能克服短处而恣意妄为。也就是说，一位不能够明白下属短处的管理者，也不能够明白下属的长处，这是善于洞察下属的管理者力戒的用人误区。如果说，只看到下属的短处而将他抛弃的管理者好比瞎了一只眼睛的盲人，那么只使用下属的短处的管理者则好比瞎了两只眼睛的盲人——成了一个真正的瞎子！

◎ 尽量发挥每个人的特长

扬长避短用人方略的运用，重点在于充分扬长。虽然扬长与避短是用人过程对立统一的两个方面，但其中扬长是起决定性作用的主导方面。因为人的长处决定着一个人的价值，能够支配构成人的价值的其他因素。扬长不仅可以避短、抑短、补短，而且更重要的是，通过扬长能够强化人的才干和能力，使人的才干和能力朝着用人目的所需要的方向不断地成长和发展。

1.按特长领域区别任用

主观和客观的局限性，决定了任何人只能了解、熟悉和精通某一领域的知识或技能，因此人在知识和技能方面的特长具有明显的领域性特征。一个人不管他在知识和技能上伸展得多么突出，成长得多么卓越，也只能在他所适应的领域具备特长，一旦离开他适应的领域来到不适应的领域，这些知识或技能上的特长就可能不会显示出优势，失去特长的意义。

用人必须根据人的特长领域性，坚持区别对待、因人而用的法则。用人时应该注意先要了解和弄清楚使用对象的特长是什么，这种特长适用于哪个领域，按照人的特长派用场，使工作领域与人的特长对口。工作领域和人的特长两者中，应把考虑的重点放在人的特长这一方，要因人而用，不要削足适履，人为地强求人家改变或放弃自己的特长勉强去适应工作。善于用人的老板，总是针对人的领域特长安排适宜的工作，分派适合的任务，以发挥人的特长优势。

朱元璋打天下的时候，从浙东得到"四贤"。他根据他们各自术业的专攻，予以不同使用。刘基善谋，让他留在身边，参与军国大事；宋濂长于写文章，叫他主理文化；叶琛和章溢有政治才干，便派他俩去治民抚镇。

拿破仑也很注意按人的特长去用人，他所组成的政府，立法、财政、内政大臣都是学有专长的著名学者担任。按照特长领域性去用人，常常会收到最佳的用人效果。

2.按特长的变化而用

人的特长虽然只适用一定的领域，但也不是一成不变的。人的特长还具有转移性，可以从这一领域向另一新的领域发展，发展的结果往往是新领域特长超过原领域特长。这种特长转移的现象在人类的创造发明活动中可以找出许多的例子，如新闻记者休斯发明电炉，兽医邓洛普发明轮船，画家莫尔斯发明电报，软木塞的经销商人吉勒特发明安全刮脸刀，记账员伊斯曼发明新的照相技术等。

这些特长转移的人，往往是难得的优秀人才。他们之所以发生特长转移是因为创造性思维活跃，敢于冲破习惯的束缚，善于进行创新活动，具有一般人所不及的开拓精神和创造能力。

发现人的特长转移之后，用人者要及时调整对人的使用，要尽可能地重新把他们安排到适合新特长发挥的工作领域，为保护新特长的发展，促进新特长的发挥创造良好的环境和条件。

3.把握最佳状态，用得其时

人的特长随着人的年龄变化、精力的变化有可能增长，也有可能衰退。这种特长的增长或衰退就是特长的衰变性。它的变化轨迹呈曲线，一般是开始向上增长，当增长到峰值期的时候，特长不再增长，保持一个阶段之后，就向下衰退。

由于每个人的情况不同，各个人的特长衰变速度有快有慢，衰退期的到来有早有迟，特长峰值期的持续时间有长有短。

了解了人的特长的衰变性，用人就要讲究用得其时，要在人的特长上升增长阶段和峰值期予以重用，以便充分让他们的特长发挥作用，不要等进入衰退期了再用。到了那时，人的特长发展阶段和高峰保持阶段已过，再用就很难起到扬长的作用了。

4.善于开发、挖掘和培养人的特长

人的特长具有用进废退的性质，特长越是用它，它越能发展，越能增进它的优势。相反，如果不用它，废置一边，那它得不到增进发展的机会，久而久之，就会退化萎缩。

用人应懂得人的特长用进废退的道理，要善于在使用中开发人的特长、挖掘人的特长，促进人的特长发展。通过使用，在实践中培植人的特长，养育人的特长，开发人的特长。发现和看到人的特长而不使用，不仅是最大的人才浪费，而且也是对人才的一种可怕的压抑。

5.强中更有强中手

一个人的长处是相对其他人来说的，是通过比较才被人承认的。说某人在某方面优异、能干只是说相对地比他人表现得更好些，更突出些，并不能就此把某人的长处看做一方面最完美、某一领域最穷尽的事物。所谓"山外青山楼外楼"，"强中自有强中手"就说明了特长相对性的道理。

认识了人的特长相对性之后，在挑选作用对象时老板就要坚持择优原则，做到以特长取人，谁的特长突出，谁的才干最好，谁的能力最强，就任用谁。

◎　选任时，要注重个人的兴趣

在日常工作中，只要稍加留心，就会发现，每个下属都有自己的个人兴趣。作为领导者，不仅不能扼杀人的个性和爱好，而且要鼓励一切有益的兴趣都得到发展。

用心去发现并利用好下属的兴趣，能更好地调动人的积极性，推进事业的发展。

爱因斯坦说过："我认为对一切来说，只有'热爱'才是最好的教师。"郭沫若也说过："爱好出勤奋，勤奋出天才。"一个人如果对某种事物有了感情和兴趣，就会全神贯注、如痴如醉地沉迷于其中，不仅吃苦受累在所不惜，而且常常因此寝食俱废，甚至献出自己的青春和生命。许多令人瞩目的成就和奇迹就是这样被创造出来的。所以，从一个人的兴趣，往往可以窥见一个人的思想、气质和用心所在，可以发现一个人的潜力和才干，这无疑为领导者知人善任提供了极好的信息。所以，每一个领导者都要与下属融洽相处，细心观察和发现下属的兴趣，以作为考察和发现人才、培养和使用人才的重要依据。

领导者在给下属任职、定岗和安排任务时，应尽可能照顾到个人兴趣，使工作与兴趣、专长一致起来，为其提供一种适合其兴趣的工作环境，使每个人干的也是他最感兴趣的。例如，让"求知型"的人去钻研科学，研究问题；让"事业型"的人去独当一面，开创新领域；让"艺术型""运动型""娱乐型"的人去从事和组织文体事业，等等。另外，兴趣与年龄、职业和性格也大有关系。例如，老年人愿做比较稳定的工作，年轻人则活泼好动；技术人员热爱自己的专业；性格外向的人喜欢交际，愿意从事社会活动，而性格内向的人则喜欢自己埋头苦干，如此等等。领导者要善于根据每个人的特点和兴趣，扬长避短，量才授职，使每个人都能最大限度地发挥自己的才能。

有时候，领导者虽然有责任把每个人都安排在最适宜其施展才能的岗位上，但由于工作需要和客观条件的限制，并不能使每个人的兴趣都得到满足，有时甚至完全相悖。在这种情况下，简单生硬地强调"个人服从组织"，搞强迫命令，显然是下策。上策是对下属说明情况，晓之以理，使下属心情舒畅，自觉以大局为重，服从事业发展的需要，还应当想些办法，培养他对新岗位的感情，为使其胜任新的工作提供方便，创造条件。事实证明，兴趣也是可以培养的。人们学习某一学科，或者从事某一工作，开始并不一定都有兴趣。但只要做好思想工作，使其坚持在这一行干下去，天长日久，兴趣自然就产生了，就会不知不觉地爱上这一行，并干出成绩来。这里还要注意两件事：一是当发现此人确实难以适应此种工作，或属于埋没人才时，应积极创造条件，改变这种现象，不能用"要干一行爱一行"来卡人家、压人家；二是当发现他在做好本职工作的同时，还有其他兴趣爱好时，不要说人家"不务正业""身在曹营心在汉"。一个人可以有多种兴趣爱好，只要无碍工作，都应当允许，有的还要给予支持，促进其全面发展，使其做出更多的贡献。

领导者就是要善于在客观需要发生变化的情况下，根据下属的各方面条件，满腔热情地帮助下属把兴趣调整到更合适、更能发挥能力的方面去，并为其新的兴趣创造适宜的环境和有利的条件。

◎ 人无完人，不要求全责备

人无完人，即便是再有才能的人也会有这样那样的过错。常言道："人非圣贤，孰能无过，况且圣人也会有过错。"若领导只见其短而不见其长，一味地求全责备，则不仅得不到人才，弄不好还会致使人才外流。

不求完人就是不计较其细微的错误，也不在意其自身的缺憾，更不关心其出身是否高贵，只有一点，他有才德就应得以任用。"水至清则无鱼，人至察则无徒。"过分强调次要的方面必然会物极必反，造成意想不到的后果。而且过分地求全责备会使领导很难分清是非，有时只见外表而看不到本质，看到一个人丑陋，即使他有"八斗之才"也不加任用；员工犯了一点错误，即使他有很高的技能也弃之如敝屣。这样的领导最终只能是众叛亲离，变成孤家寡人。

著名作家梁晓声曾在一次演讲上讲了这样一则故事：一个女青年被分配到一家搞设计的单位，领导及身边的同事一见女孩那么丑，心里就不大舒服，没多久那位女青年就走了。这听起来似乎有点不可思议，这可是一个搞设计的单位啊！怎么那么在乎人家的长相呢？这正是不善于容人的表现。

每个人都有自己的不足之处，这是不争的事实。领导不能"一叶障目而不见泰山"，如果过分地考虑人家的不足之处则会因小失大，既不能识得人才又不能很好地使用人才。大肚能容的领导总想把员工的不足置于一边，关注最多的则只是他们的实际能力。

对于有缺点的人，聪明的领导的做法是"取大节而略其小过"。

一些领导事业的成绩往往在于善用有过错之人。这些人往往有很高的能力，因为才能发挥不了也不为人所知，一旦领导不计较其小过而加以重用，他们就会尽力地展现自己的才能，最终助领导一臂之力。台湾万有纸业股份有限公司总经理能够成功的一个重要方面就在于用人。他不用"老实""听话"的人，相反，对真正的人才，即那些既有真才实学又能开创新局面的人，尽管有点"毛病"，争议大，甚至还有人反对，也坚决要用，必要时还委以重任。

对事物一味的求全责备最终会一无所获。看见一根头发丝在一席佳肴中，于是便愤然倒掉所有的美味，当事人失去的就不仅仅是美味，还失去了一个人的良好品德。对人才，看见他们身上有"灰尘"便避而远之，结果失去的不只是人才，而是事业的发展前途。在当今社会，谁占有了大量人才，谁就占有了主动。发展的机会一瞬即逝，往往不经意的一次决策就注定了以后的失败。领导要在现代及未来的竞争中占有先机，就必须用高层次的人才，大胆地用有缺点的人才。

当年，北欧航联董事会为摆脱危机，聘任卢尔森为总经理。卢尔森上任后大刀阔斧地改革，在不到2年的时间里就扭亏为盈。但这位经营天才却有许多毛病，公司内部的好几位董事都不喜欢他。卢尔森自称是一个"有表现癖"的好出风头者，声称"天下三百六十行，行行都在表演亮相"。一些同事也对他的作风表示不满。但公司董事会还是留任他当总经理，因为他能为他们带来效益，这实质就是只用其长而弃其所短。

总之，领导在择人方面既要有一定的原则性，同时又要有一定的灵活性，这样才能选好人才，用好人才。

◎ 用人不疑，给予信任

尊重、信任是激发员工工作热情和创造性的重要前提。管仲说："知而不能任，害霸也；任而不能信，害霸也。"这里的"霸"，指的是成就霸业，强调信任与使用具有同等重要的意义。

战国初年，魏文侯派将军乐羊带兵讨伐中山国，正巧乐羊之子乐舒在中山国做官。两军交战，中山国想用乐羊之子来迫使魏国退兵。乐羊为争取民心，对中山国采取了围而不攻的战略。消息传到魏国，一些官员纷纷向魏文侯告状，称乐羊之所以围而不攻是因为他儿子在敌方。魏文侯并不轻信，当即决定了两件事：一是到前线慰问部队；二是为乐羊将军修建新的住宅。被围已久的中山国国君眼看已无解围之望，便杀了乐舒，煮成肉羹，送给乐羊。乐羊不为所动，说乐舒帮昏君做事，死如粪土。即下令攻城。中山灭，国君自杀。乐羊得胜回朝后，魏文侯摆庆功宴。宴毕，魏文侯送给乐羊一只箱子。乐羊打开一看，里面全是揭发他围而不攻的奏章。乐羊什么都明白了，激动地对魏文侯说："没有大王的明察秋毫，不但破不了中山国，而且我乐羊早就成了刀下之鬼。"

魏文侯的这种容才之魄，显示其用人的自信，不仅让乐羊在前方无后顾之忧，发挥其作战潜能，而且让乐羊因君主的信任而决心一生都要为之效犬马之劳。以信赖获得一得力干将的忠诚，何乐而不为？领导者要做到用人不疑，应切实做到以下几点：

（1）充分信任下属，放手使用；

（2）设身处地替下属着想，实事求是；

（3）表里如一、光明磊落，让下属放心；

（4）谨防嫉贤妒能；

（5）对自己所起用的人充分信任，委以重任。

古人云："金石有声，不扣不鸣；箫管有声，不吹不响。"一个人的惊人才能或突出作为，往往是在得到信任和重用时才显现出来的。所以，领导者要相信接受任务者能完成任务，相信成员对本组织的忠诚，给受挫者成功的机会。

身为领导者，要知人善任，不能嫉贤妒能，更不能捆死部下，而要解放部下，因人而异，适时调动他们的工作，根据他们的工作能力把他们安排到合适的工作岗位上，特别是对有才能的部属，要舍得割爱，积极培养，大胆使用，使他们获得更大的发展机会。

对那些平庸的下属，不宜调动，应采取多方面的措施提高工作能力，只有这样，才能使人尽其才，才尽其用，干事的有奔头，不能干事的没想头。明智而富有远见的领导，应支持下属去向未曾实践过的工作挑战，自己再满腔热情地指导帮助尚不成熟的下属早日成才。

◎ 有胆魄启用比自己强的人

英国有个政治学家叫帕金森。他写了一本名叫《官场病》的书，其中谈到，官场上有一种通病："自上而下奉行的是'能级递减'，一流的找二流的当部属，二流的找三流的做下属，愚蠢的下属多多益善，精明的对手往往被拒之门外。"后来，这种病就被叫做"帕金森病"，中国古代历史上也有类似的故事。

建安五年春，袁绍厉兵秣马，准备率十万大军攻伐曹操。袁绍的谋臣田丰认为此举不足取，便对袁绍说："现在徐州已破，曹操军队锐气大增，不可轻敌，不如以久持之，待其有隙而后可动也。"

袁绍头脑发昏，哪里肯听。田丰再谏，袁绍发怒了："汝等弄文轻武，使我失大义！"

田丰仍在劝戒袁绍："若不听臣良言相劝，出师不利。"

袁绍大怒，将田丰投入大狱，率兵出征。结果，官渡一战，袁绍被曹操杀得人仰马翻，大败而归。

这时，狱吏来见田丰说："与君贺喜！"

田丰说："何喜可贺？"

狱吏说："袁将军大败而回，君必见重矣。"

田丰很了解袁绍的为人，他笑道说："吾今死矣。"

狱吏很吃惊："人皆为君喜，君何言死也？"

田丰说："袁将军外宽内忌，不念忠诚。若胜而喜，犹能赦我；今战败则羞，吾不望生矣。"

袁绍回来，果然以妖言惑众的罪名将田丰杀了。

在我们现代社会，像袁绍这种容不得下属比自己强的角色的领导其实是大有人在的。比如，有的人害怕有才能的人调入自己的单位或部门，担心自己的地位保不住，被人取而代之，于是想方设法要去整这个人。

一个优秀的管理者，不是要处心积虑地去压制你的属下，而是要想方设法，怎么让这些比你更优秀的人效忠于你。

美国钢铁大王卡耐基的墓碑上刻着这样一段文字："这里安葬着一个人，他最擅长把那些强过自己的人，组织到为他服务的管理机构之中。"卡耐基的成功在于善用比自己强的人。

意大利首屈一指的菲亚特汽车公司是菲亚特集团的一个组成部分，也是世界 10 大汽车公司之一，在世界汽车业中具有举足轻重的地位。然而这家赫赫有名的公司，在 20 世纪 70 年代末世界性的经济衰退的冲击下，也陷入了困境。它连年亏损，无法进行再投资，被迫将 13% 的股票卖给了对外银行。面对这种困境，菲亚特集团老板艾格龙尼家族大胆起用强过他们的维托雷·吉德拉，任命他为汽车公司总经理，将公司全权交给他独立经营。

吉德拉管理才华出众，平易近人，具有不屈不挠而又吃苦耐劳、脚踏实地的性格，老板正是看中他的这些优点而邀请他来任职的。

吉德拉上任后，果然出手不凡，大刀阔斧地进行了一系列行之有效的改革。他首先对公司的管理人员提出了新的要求，之后又对公司的机构以及劳动人事方面进行了较大的改革和调整。上述改革使菲亚特公司一改"老牛拉破车"的局面，重新焕发出了青春活力。但是，这只是为公司的腾飞提供了条件，真正的市场竞争力还在于吉德拉带领菲亚特打出自己的拳头产品——用先进技术全副武装起来的新型轿车"昂罗"，才使菲亚特真正改变了命运。"昂罗"汽车带动整个公司很快摆脱了困境，提高了劳动生产率，到1984年终于使汽车销售量达到了100多万辆，跃居欧洲第一。吉德拉本人也由于经营有方而闻名，被人们称之为欧洲汽车市场的"霸主"。

上海复星高科技集团是一个非常成功的企业，其成功的秘诀在于善于使用比自己优秀的人。郭广昌作为复星的董事长，毕业于"什么都没学"的哲学专业，什么都不会、什么都不专。"身无长技"反而给了他最大的"特长"，那就是什么问题都要去请教人，什么事都要找专家。这就逼得郭广昌必须要学会用人。

对人才具有强大磁力的郭广昌最大的体会是，一定要学会使用比自己强的人。要学会用你的老师——每个比我强的人都是老师；要学会用在某个领域比自己强的人——这些人往往就是专家。企业家经营的过程，其实就是一个不断找老师的过程；复星能够快速发展到今天，也就是老师找得多、找得准。

郭广昌明白，能不能找到最好的人、有没有眼光找到最好的人，关系到企业的成败。最大投资失误，不在于一个项目的得失，而在于找错了人。

在知识经济时代，管理者更需要有敢于和善于使用强者的胆量和能力。在企业内部激励、重用比自己更优秀的人才，就能让企业变得越来越有活力，越来越有竞争力。

　　作为一名领导，要想做到乐于用比自己强的人，就必须克服嫉贤妒能的心理。那些生怕下级比自己强，怕别人超过自己、威胁自己，并采取一切手段压制别人、抬高自己的人，永远不会成为有效的管理者。

◎　适度施压，发掘人才潜力

　　美军规定部队全年训练不少于 1 800 小时，德军为 1 980 小时，美军还规定，新兵每周训练6.5天，每天训练12小时。一个新兵训练8周下来，体重通常要减少5%左右。

　　西点军校为锻炼学员野战条件下的作战和生存能力，刻意在荒漠和原始森林中进行极其艰苦的训练，将其称为"兽营"训练。

　　苏联驻远东地区部队，规定士兵冬季用雪擦身，赤膊滑雪，在严寒中风餐露宿。这样的训练除了提高士兵的战斗力，更能磨砺士兵的战斗意志，让士兵们在未来实战中可以泰然应对、处变不惊。

　　军队中的人才都是折腾出来的，在企业中，若想选拔优秀人才，同样要对他经过一番甚至几番折腾，每一次折腾的过程就是一次能力提升的过程。中国有许多优秀的经理人都是"折腾"出来的，联想总裁杨元庆就是其中一位。

联想集团的前任总裁柳传志有一句名言："折腾是检验人才的唯一标准。"杨元庆是柳传志"钦点"的接班人，外人只知杨元庆接下联想这个庞大组织的荣誉，而不知他经历了怎样的"折腾"。为了培养出一位优秀的接班人，柳传志前后"折腾"了他多年。杨元庆30岁的时候已经是联想微机事业部的总经理了，但是，为了使杨元庆成为"全才"，柳传志让杨元庆一年换一个岗位，"折腾"了十几年，换了许多岗位，最终杨元庆被练就成了一名经得起任何压力的"铁人"。

在联想集团发展史上，曾经有一段最困难的时期，杨元庆临危受命，从整个联想挑选了18名业务骨干，组成销售队伍，以"低成本战略"使联想电脑跻身中国市场三强，实现了连续数年的100%增长。

可见，做领导的一定要有创建，有胆有识，主动折腾人才，部下才会迅速成长起来。人的潜力是巨大的，甚至是惊人的，只要领导者敢于去挖掘，那么其威力是让人目瞪口呆的。

科学家验证，一般人的一生只能用10%的脑细胞，但一般人至少可以开发到20%，只是人们没有压力，便不会花费更多的精力，其潜能也不会得到充分挖掘。

因此，作为领导者，如何运用掌握的权力，对下属适当施加压力，使其充分发挥潜能，是获得成功的必修科目。

1.要施加压力，挖掘人才

有些下属如果没有外在的压力，就会满足现状，不思进取，时间一长，必然会惰性大发，影响整个公司的效率。对这样的部下，一定要施加压力，使他过剩的精力得到释放，这样，一来可以提高公司的效率，二来可以满足下属的成就感，一石二鸟，何乐而不为？

2.要注意适度施压

人不是机器，再能干的人也有一定的生理和心理的承受能力。若一味施压，不讲究适度原则，那么必然会过犹不及，适得其反。既不能达到提高效率的目的，又可能落一个"暴君"的恶名。这样不但有损自己的名声，而且又压垮一员大将，得不偿失。

俗话说，蜀中无大将，廖化当前锋。因此，要做一名成功的领导者，一定要记住适度施压，这是选拔人才、培养人才、建立大业的一大法宝。

第三章 收放自如的 8 个授权细节

领导者在用人时应该坚持"用人不疑，疑人不用"的原则，既然用了，就要以其绝对的信任，给予广阔的空间，使其人尽其才。也只有这样，下属才会绝对信任领导者，投挑报李，为领导者尽展其才华。成功的领导者大都爱对部下说："你们放手去干好了！"这即是一种鼓励，又是一种放权，因为他们非常明白：只有让手下放手施为，尽其所能，才能创造出更辉煌的成绩。

◎ 大权集中，小权分散

如何分配好手中的权力，是古往今来任何领导都无法回避的问题。作为领导，正确认识权力，合理恰当地利用权力就至关重要了。领导分配权力过程中的首要问题，并不在于究竟是多分一点好，还是多留一点好，而是要先搞清楚具体应该分什么权力，留什么权力。

从权力的性质来看，在通常情况下，一个组织的权力有三个层次：决策权、运行权、执行权。所谓大权，实际上主要是指决策权，还有就是运行中关键问题的把关性权力，具有不可替代性。

对于事关企业、部门生死存亡的权力，领导必须牢牢地抓在手里。"大权集中"有利于集中力量办大事，同时保证决策的连续性和稳定性。我们知道，无论是政府还是企业，无论是民主式决策还是集中式决策，最终都得要有一个拍板的人，这就注定这个人应该掌握比较大的权力。对于一个组织的发展而言，最重要的是决策。

就像每个组织内部都要有一个领导核心一样，一个企业也要有一个自己的领导核心、决策核心，这在中国的企业中特别是正在成长的企业中表现得特别突出，掌握大权的领导几乎成为企业的代名词和名片：

联想的第一代领导柳传志，虽然已经退居二线，但影响力依然在；

万科的第一代创业者和领导王石，虽然目前已经交班给郁亮，但依然是万科的精神领袖；

海尔集团老总张瑞敏、华为集团老总任正非……这些依然在一线的企业创业者对企业的影响力更不用说。

集权而不专权，放权而不放任；一手软，一手硬，一手放权，一手监督；大权独揽，小权分散，以权统人，调动部属，这就是中国领导的授权之术。

那么，对于一个正在发挥重要作用的领导或者主管来说，哪些大权是他必须抓的呢？

（1）财权。钱是企业的命脉，把财权交出去，不是开玩笑吗？

（2）人事任免权。这主要涉及非常重要的人事调动和安排。

（3）知情权。即使某些时候不参与决策，对所有重大决策也应该有知情权。

（4）最终决策权。亦即对一般及重要决策进行最后拍板的权力。

"权"字好说不好用，怎样用得游刃有余、得心应手，才是领导所关心的。作为领导，并不意味着他什么都得管。应该大权独揽，小权分散。做到权限与权能相适应，权力与责任密切结合，奖惩要兑现。

中国的企业领导应明白，能否驾驭下属，最关键的一环就是有没有权力。有权力就能驾驭人，无权力就不能驾驭人。领导为了达到上令下达的目的，通常都把权力集中在自己的手中。身为领导，就必须要大权集中在手，才能有效地驾驭员工，如此方能上令下达，保证命令和措施得以快速地贯彻实行。

与大权集中相对应，中国的领导也喜欢把小权分散给员工，如"中国式管理之父"曾仕强教授所言："中国的管理者善于用巧劲儿，拿出一部分权力分给属下，他们做的只是以权统人。领导应该是帅才，总揽全局；其他管理者则是将才，他们应当各司其职，管好'线'上的工作；而员工则是士兵，应当做好自己的本职工作，做好'点'上的事情。"

身为管理者，要先明白大权须集中、小权要分散这个道理。大权集中，也可称之为集权，是指部门中的一切事务的决策权都集中在自己手中，部下的一切行为措施必须按照领导指令、决定去办。小权分散，也就是分权，是指下属在其管理的范围内的一切措施均有自主决定权，不必请命于领导，而领导对其员工权限内的事项也不随便加以干涉。处理好大权与小权的关系，要做到大权揽得住，小权散得开，不能大小权力一把抓，大权管不住，小权乱插手。领导只有做到大权集中、小权分散，才能利用有限的精力实现有效管理。

◎ 领导要学会合理授权

北欧航空公司董事长卡尔松大刀阔斧地改革北欧航空系统的陈规陋习，就是依靠合理授权、给部下充分的信任和活动自由而实现的。开始时，他的目标是把北欧航空公司变成欧洲最准时的航空公司，但他想不出该怎么下手。卡尔松到处寻找，看到底由哪些人来负责处理此事，最后他终于找到了合适的人选。于是卡尔松去拜访他："我们怎样才能成为欧洲最准时的航空公司？你能不能替我找到答案？过几个星期来见我，看看我们能不能达到这个目标。"几个星期后，这个人约见卡尔松。卡尔松问他："怎么样？可不可以做到？"

他回答："可以，不过大概要花六个月，还可能花掉160万美元。"

卡尔松插嘴说："太好了，说下去。"因为他本来估计要花5倍多的代价。

那人继续说："等一下，我带了人来，准备向你汇报，我们可以告诉你我们到底想怎么干。"大约四个半月后，那人请卡尔松看他几个月来的成绩，当然目标已实现，但这还不是他请卡尔松来的唯一原因，更重要的是他还省下了50万美元。

卡尔松事后说："如果我先是对他说：'好，现在交给你一件任务，我要你使我们公司成为欧洲最准时的航空公司，现在我给你200万美元，你要这么这么做。'结果怎样，你们一定也可以预想到。他一定会在六个月以后回来对我说：'我们已经照你所说的做了，而且也有了一定进展，不过离目标还有一段距离，也许还需花90天左右才能做好，而且仍要100万美元经费。'可是这一次这种拖拖拉拉的事却不曾发生。他要这个数目，我就照他要的给，他顺顺利利地就把工作做完了，也办好了。"

由上面的这个事例可以看出，合理授权是多么重要。

不愿授权和不会授权的领导，将给自己积聚愈来愈多的决策事务，使自己在日常琐碎的工作细节中越陷越深，甚至成为碌碌无为的"事务主义"者。由于个人的时间和精力有限，领导最后不得不"分给别人一点"。到此地步，有些事已一拖再拖，还一些事可能根本无暇顾及。另外，员工的积极性也受到压抑，工作失去了兴趣和主动性。所以，作为领导，贵在学会科学地授权。通过合理授权，使领导重在管理，而非从事具体事务；重在战略，而非战术；重在统帅，而非用兵。通过"分身之术"，有利于领导议大事、抓大事，居高临下，把握全局。

合理授权有以下两点重要作用。

1.满足下属的自我归属感

合理分权，有利于调动员工在领导工作中的积极性、主动性和创造性，激发员工的工作情绪，增长才干，培养人才，使上级领导的思想意图为群体成员所接受。所有成功的领导都要创造一种氛围，这种氛围能使员工在理性上和情感上都融入工作。善于授权的领导能够创造一种"领导气候"，使员工在此"气候"中自愿从事富有挑战意义的工作。

这些成功的领导是通过信任员工、给员工提供充分加入有意义工作的机会，以此来刺激员工的工作意识。领导对下属的看法要积极，要有"多给他们一点"的态度，激发员工产生"核聚变"；挖掘潜力，让众多大脑都开动起来，充分发挥员工的技能和才干。领导若不授权于员工，那他不但无法充分利用员工的专长，而且无法发现员工的真才实学。因此，授权可以发现人才、利用人才、锻炼人才，使领导的工作出现一个朝气蓬勃、生龙活虎的局面。

2.调动员工的积极性

领导合理授权，有助于锻炼和提高员工的才干，提高领导体系的总体水平，从而提高领导效率。领导的合理授权使员工获得了实践机会和提高的条件。随着员工在实践中学得更多的真知，领导可根据工作的需要授予他们更多的权力和责任。应该说，领导要员工担当一定的职责，就要授予其相应的权力。敢不敢授权，是衡量一个领导用人艺术高低的重要标志。如果领导对员工不放权，或放权之后又常常横加干预、指手画脚，必然造成管理混乱。而且员工因未获得必要信任，也会失去积极性；而合理的授权则有利于增强员工的积极性和创造性。

◎　哪些事应该授权

对于决定哪些工作可以授权而言，没有普遍的标准，因为情况千变万化。然而，下面的这些指导方针和例子将帮助你在分析自己的具体情况时作出决定。

1.对那些经常性的必须做的事情进行授权

这些工作你已经做了很多遍，并且是企业例行规定的必要任务，你对它们了如指掌，知道这些工作关键所在、所具有的特性以及具体操作的细节。这些工作是最容易授权的工作。因为你很熟悉，所以你能很容易地解释清楚，然后把这些工作委托给员工去做。

你有没有被要求定期参加一些连你的副手们都能轻易对付的"碰头会"？

一个地方银行的董事长被要求参加每月一次的有社区所有金融机构参加的午宴。午宴主要起到一个社交作用，其中几乎没有什么事情是他的助理不能解决的。董事长意识到这是个只需要"去做"而不需要"策划"的任务，于是打电话让他的助理代劳，并向他解释这个聚会的作用。这位年轻的助理正渴望有这样一个机会能与他的同仁们会面。这就是授权的一个完美的机会。

2.对专业性强的事情进行授权

你会给家人做手术吗？不大可能，除非你碰巧是个医生。你会在法庭上做自己的辩护人吗？不大可能，除非你碰巧是个律师，你会寻找这一领域最专业的人来做。在企业里也是同样的道理，你必须发挥员工的专长。

要小心"超人综合征"，有些时候你需要将一些日常工作交给律师、会计、税务经理等专业人士或其他临时性的"超负荷"员工。要让你的需要与员工技能相适应，通过利用他们的才能，你可以将精力花在更有效的方面。

3.对职业爱好进行授权

某位销售经理已经连续几年参加了在芝加哥举行的一个商业展销会。她已经把这个任务视为和旧友见面的机会，而实际上她已经不需要再亲临那个展销会了，因为她手下的任何一个销售代表也能取得同样的工作成效——这些工作早就应该让他们去做。但她没有给交出去是因为她觉得这些工作对自己来说太富有趣味性了。

其实这些想法是错误的，因为存在其他人比她更胜任这份工作。把自己最感兴趣的工作分配给其他人可能看起来是荒谬之举，然而这有可能是性价比最高的举措，正是这些工作让你流连忘返却不足以体现出你所付出的时间和精力的价值。

4.对发展机会进行授权

作为领导，你首要的职责是给予你团队成员良好的发展机会，达到这一目标的好方法是将恰当的任务分配给恰当的人。你清楚你的工作，也了解某些任务能使团队成员获得进步，那么，你就应该给予团队成员发展的机会。

某位市场部经理被要求每个月就本部门当前的项目作15分钟的汇报。他这样做了一年，这使得他有机会和董事们见面，因此他乐意这么做。他同时也意识到他所在的部门中有人会从这样的汇报中受益。当他与副手们谈到可能授权其他员工去做这个汇报时，他发现有几个人十分希望在董事们面前汇报工作。

接下来的三个月，作为一项试验，他让自己的副手去作每月的汇报。结果让这位经理很满意。董事长表扬这位经理，说他的副手们表现很好，并对他主动授权让别人来汇报表示欣赏。员工们也珍惜这个机会，并且在汇报技巧方面表现出惊人的进步。这位经理以一个授权给员工以发展的机会，并将它付诸实施，这让大家都受益。

◎ 哪些事不可以授权

虽然多数领导都错在授权不足，但还是有个别的领导错在授权过度，有些工作是完全不能授权的。

1.不要授权人事或机密的事务

人事方面的决定（如评估、晋升或者开除等）通常是很敏感的，而且往往难以作决定。一旦有些人事工作需要保守秘密，那么这项工作和职责就应该自己亲自行使。

分析所在部门工作的分类和薪级范围看上去很花时间，这似乎是可先授权的工作。但由于牵涉到很多的利益，所以应该是领导自己做的工作，不适合授权。

2.不要授权关于制定政策的事务

你可以在涉及政策制定的一定范围内授权，但绝不要授权他人关于实质性的政策制定工作。因为，政策会限制相关决策的作出。

在规定的、有限的范围内，你可以授权他人承担一些制定政策的任务。信贷经理制定总信贷政策，销售人员往往也有权在一定的金额范围内为一些特定的客户提供信贷额度。

3.不要授权危机问题

危机会不可避免地发生，如发生危机，领导应亲自坐阵，制定应对方案，很多事都应该亲历亲为，这不是你该授权的时刻。当处于危机的时候，要保证自己在现场起到领头的作用。这样，有利于稳定人心，避免事态进一步恶化，为解决问题赢得宝贵的时间。

4.不要授权直接由你负责的员工的培养问题

作为一名领导，你的职责是去创造条件，使员工在与你共事时能有所进步。你的员工应该在他们的成长和发展过程中得到你的帮助。他们依赖你的经验、你的判断、你对组织需求的了解来辨别对他们成长有帮助的工作。这不是你该授权的工作，虽然你可以从他人那里得到一些帮助，但这是你的职责。

5.不要授权你的老板分配给你亲自做的事情

你的老板要你亲自做一件事情通常会有他特殊的理由。如果你坚定地认为将这样的工作授权给你的一个员工去做更为合适的话，先和你的老板商量一下，弄清楚他是要你做还是要你安排给别人做。错误的理解可能会使你和老板之间产生误会。因此，这种事要与老板沟通，应谨慎，千万不要自行其是。

记住，这些关于什么该授权、什么不该授权的建议只是基本原则，应在实际工作中灵活掌握，需具体情况具体解决。根据这些基本原则，有些任务你应当授权，但遇到特殊的情况可能需要你自己去完成。例如，可能有一项常规性任务非常适合授权，但是你如果要授权，就有可能无法按时完成任务，这时只有你亲自做了。

不要太小心翼翼。如果利弊似乎相当，那就大胆地授权，并监控其发展进程。如果你有些担心，你就自己多参与一点，但是不要停止授权。随着经验增多，你会掌握更多的技巧，所以在小心地避开授权禁区的前提下，应多寻找授权的机会。

◎ 授权应具体而且正式

关于成功授权有一个不变的主题：先计划好时间，以免将来浪费时间。或者说是：与其以后不断抱怨，不如现在就将它们解释清楚。授权会议是体现这些警示最佳的方式。

有些领导在准备授权时，有很好的意向和构思严密的计划。他们对工作进行分析，挑选出正确的任务进行授权，制定非常实际的工作目标，并将这些目标分配给合适的员工。但是，这些很好的准备工作却被后来的行为破坏殆尽：原本与员工一起花上足够的时间开一个授权会议是十分关键的，但有些领导却草草说几句，员工们糊里糊涂，不知道自己该干什么——授权的前期准备工作做得很到位，却由于对授权的正式性、严肃性不够重视而前功尽弃。

不要急急忙忙地授权。走廊上漫不经心的讨论和嘈杂的会议室不是一个足以传递授权重要任务的场所。应该安排充足的时间来安排授权，理想的选择是在办公室认认真真地举行一个授权会议。讨论和提问时间要充分。有时一个重要的授权会议可能需要1小时，就是分配一个简单的任务，也要10分钟。不要想当然地认为员工能很容易地领会，你应该向他们解释清楚。如果因为你没有传递充分的信息而使员工没能很好地完成任务，那么责任在你。所以说，授权是一件很严肃的事，应该谨慎对待。

你必须在授权会议开始前认真考虑整个授权过程，也要清楚了解：如果员工被授权从事这份工作，他们需要得到什么支持、资源甚至权力，同时应预测员工们会遇到什么样的问题和困难。一旦你准备召开授权会议，请参考以下所列的五个步骤。

1.表明目标

清楚地向被授权员工表达你要求达到的目标，只有在有清晰的目标时你才开始行动。当你明确这些目标后，将它们写下来。用不超过20个字将项目目标陈述清楚，包括可衡量的成绩标准。如果写不下来，你就得重新分析这个授权，将任务量尽可能最小化和具体化。定期地让自己和员工反复重温这些目标。如果是一个很小的任务，简单复查一两次就足够了。但如果是一个为期6个月的项目可能会需要每个月都进行复查，以确保这些目标仍然可行。复查这些目标可以避免工作中产生的困惑。不要过分强调遵循固定的工作方法，这样将给员工们太多限制，并会削弱授权的影响力。用不着教员工怎样做事情，只教员工去做什么。而员工将用创造力来给你惊喜。你所表明的目标是双方对一个客观成绩的认同。

下面是两种不同的授权方式，你可以看出两者的差异：

第一种方式："罗斯，将这些人事调整报告以公函形式复印500份，发给各店铺经理。马上就给我去干。"

第二种方式："罗斯，公司的销售网络包括500个店铺，而我想尽快地通知各店铺经理有关公司的人事调整情况。我希望你能够处理这项工作，你能不能考虑一下，并且在半个小时之后和我进行讨论？"

罗斯可能会让你大吃一惊。他可能会建议你同时把即将复印的公司新闻通报备忘录也发给经理们；或者他会认为唯一可行的方式是发给经理们500份表格式信件；可能他不知道该如何完成这个任务。很好！你现在有机会教他两件事：第一，给500个人传递信息，有很多种不同的方法；第二，你在授权他去做这份工作时会不断需要得到他的帮助。

2.设定时间表

如果被授权员工认为无法按期完成任务，在允许的情况下，你应和他一起制定出更可行的时间表。允许员工制定他们自己的时间表比强迫他们统一行动时间要好。如果被授权的人能够自行决定任务的时间安排，将使他们对面临的任务有更强的使命感。

但是，某些情况确实需要你来制定完成时限。要确保授权员工明白该项工作中有哪些任务应该优先处理，要避免像"任何时候你完成都行"和"那就下个月的某个时候吧"之类的表述。一定要建立一些汇报程序，以使自己能够监督工作进程。此外，还要建立必要的复查机制，这样做可以给被授权者一个关注日程中其他任务的机会。对于一个简单的任务，一两次复查就足够了。复杂任务则要求举行有具体议程的例会，以及制定整体任务进程中各分步的时限。告诉被授权者，如果没有充分的理由，所有的检查时间和最后完成时间是不能变更的。

3.分配必要的权力

无论你何时分配工作，你都应该给员工执行工作的足够权力，应让每一个被授权员工了解你赋予的权力，尽可能将你的员工介绍给与任务有关的人士，包括上司、同事和支持人员。你应明确被授权员工现在有足够的权力来完成这项任务，并且让他知道你期待他能够解决工作中的所有困难。

4.明确责任分担

将一项任务完整地授权，能够提高被授权者的兴趣和成就感。在每个授权中都让自己对员工们充满信心，如果对某个员工缺乏信心你就不应该授权给他。

明确被授权者对任务所负的责任有助于两件事：一是让员工知道这已经是他们自己的事了，他们必须对工作结果负责；二是给他们的工作形成了一种正面的压力和动力。

因此，授权时你应强调被授权员工可自由地做出与工作相关的决定。

5.确保对方彻底接受授权任务

被授权员工必须明确承诺接受分配的任务并将为之努力，你需要的不是被强加的接受。你同时需要他们对所设目标和完成时限加以接受，最好与被授权者一起将目标和时限记下来存档。

当你浏览了一个授权会议中所需要做的一切之后,你会明白为什么人们要花时间来认真面对它。当授权完毕时,你应该确信,被授权员工应掌握以下几点:

(1)任务目标;

(2)完成时限;

(3)实施任务的权力;

(4)所负的责任;

(5)任务结果的验收方法。

如果你只是很随便地授权或布置一项任务,就等于告诉被授权者这项任务不是那么重要,即便事实上很重要。相反,如果你认真严肃地举行了一个授权会议,你就给员工们传递了一个信息:这项任务对我们很重要。被授权者因此可能会给你肯定的反馈,并且认真负责地来完成它。

◎ 6种最理想的授权人选

授权是一项原则性、政策性强的严肃工作,必须谨慎、郑重地操作。除了审慎地确定授权范围和程度外,选择好的授权对象特别重要。授权对象即接受上级所授权力和责任的个人。授权对象如果选择失误,会出现难以预料的授权后果,还会给领导留下后患。因而,不夸张地说,选好授权对象,是授权工作的基础和关键环节。要选好授权对象,必须对其作细致的分析和了解。

（1）具有什么样的能力、特长和工作经验？他最擅长承担何种工作？是否可以担负管理职责？

（2）目前担负的工作与拟授权的工作关系是否紧密？目前工作绩效如何？

（3）应被安排做何种工作才能尽可能地调动其工作热情和潜力？

（4）哪项工作对其最富有创造性？他对哪项工作最关心、最感兴趣？

在现实生活中，具有下面特点的，往往是授权对象的理想人选。

1.大公无私的奉献者

有的员工尽管工作能力强，但如果让他多做些工作，就会讨价还价，只顾个人利益和短期利益，或者工作稍有绩效，就想回报；既干着工作，又时时想着谋私；一旦工作中投入大于产出，就满口怨言。这种员工往往不能赢得众人支持，尽管他有时显得很精明，但往往只是"小聪明"而已。

2.不徇私情的忠诚者

他们往往办事认真负责，善始善终，敢于坚持原则、坚持真理，对错误言行和时弊敢于直言不讳。如果大胆授权给他们，领导得到的将是可靠的支持和帮助。

3.善于团结协作的人

他们在实际工作中协调组织能力强，善于理顺人际关系，凝聚力和向心力强。在实际工作中，工作的成果往往需要组织成员齐心协力、团结协作来取得。在现今社会中，那些善于同舟共济、情感沟通的人就是准授权者。

4.善于独立处理问题的人

这种人善于独立思考问题，并善于发现某些处于萌芽状态的问题；善于处理复杂棘手的问题；善于提供有价值的独特见解。他们能弥补领导知识的盲点，授权给他们，往往能解决难题。相反，那些遇事无主张、凡事都要向领导者请示汇报的人，往往不能成为准授权者。

5.勇于创新的开拓者

这种人属于实干家、活动家，办事能力强、开拓能力卓越。在工作中，他们敢于大胆设想，敢于标新立异、另辟蹊径。如果授权给这种人，往往会开拓新的工作局面。比如能力挽狂澜的汽车大王艾柯卡、从荆棘中走向坦途的尤金尼·杜尔奈、具有创新信念的肯尼伍兹钢铁公司总裁贝尔等人，他们都创造了商业经营管理的奇迹。

6.犯过非本质的或是偶然错误并渴望悔改的人

这种人在犯有错误、失去某些尊严和荣誉后，多少有些失落感。其最强烈的愿望是别人给他们挽回损失的机会，并渴求重新恢复应有的尊严和价值。因此，领导在充分认识到这一心理后，如果大胆接受他们，他们会因重新得到信任和尊重而拼命工作，即使最脏、最累、最危险的工作，他们也会愉快地去做。

◎ 放权，但定期检查不可少

作为领导，一旦授权，你还应当采取必要的监督措施。

当你授权时，你要放手让员工有展示自己才华的空间。这表明你对他有信心，对增强员工自己的信心也大有好处。但是你必须继续定期检查，以确保被授权的任务在正确轨道上运行。

辛西娅是《华盛顿邮报》的编辑。正如管理类书中教给她的那样，她相信授权。作为一名工作繁忙的女性，她十分希望她的手下能为她分担一部分工作。

麦克是一个特别项目的统筹。他非常着急，因为一篇评论没有写出来，可他又不想照以前的方式来写这一部分。这时，辛西娅向麦克作出保证，她会如期做好这件事情，尽管时间很紧。

辛西亚马上把有关这个题材的主要论题收集整理出来，列了一张单子。她把这张单子放在道格的桌上，还用红笔写了一张很大的便条："道格，马上着手写这篇稿子。时间非常紧急！"然而，她怎么都没有想到，道格——她的得力助手，因为家里出了事，请了一个多礼拜的假，根本没来上班。

两个星期后，辛西娅去参加一个编辑会议，在路上碰见了道格，便问他工作进展如何。看到道格一脸茫然，辛西娅知道不妙。当她解释了是哪项工作时，道格说："哦，是那个呀。我4天前才看到你留的条子，那时我刚从家人的葬礼回来。顺便说一下，在做这件事之前我需要向你确认几件事情……"听到此话，辛西娅对道格发了一通脾气，她当着其他记者的面，在编辑部把道格狠狠地训了一通，虽然她知道这样做是不对的。其实，她是在生自己的气，因为她没有想到要早点检查一下项目的进展情况。

这就是在那些希望做到最好却因为没有定期检查而失败的人身上所发生的事情。

要牢牢记住你在授权之前和授权之后所承担的责任。定期检查是授权过程中的关键。你应该建立一个自动检测系统，这样你就会得到规律性的简短报告（每天、每周、每月或者任何适当的时间），得知被授权任务的完成情况。从这些报告中得来的新数据可能会让你重新调整这个项目。或者，你会发现这个项目正处于混乱之中，你可以选择适当的时候介入，使其重上正轨。

应该在多大程度上关注一项已被授权的任务，取决于四个因素：

（1）完成任务的难度和重要性；

（2）如未能如期完成，可能产生的后果；

（3）被授权员工的能力；

（4）被授权员工的士气。

忽略了以上任何一项都会产生麻烦，或者至少会削弱整个授权的效果。你需要全面地权衡这四个方面，然后决定在多大尺度上来监控你的授权。

琼斯是一家化妆品公司的销售主管，负责组织一次消费者调查，以评估一个新一代护肤品的受欢迎程度。杰克是一名学生，在琼斯这一组工作。琼斯决定让杰克来组织这一次调查，调查的结果必须在10月1日前出来，这对杰克会是一次很好的锻炼机会。

6月15日，琼斯约杰克在自己的办公室碰面，讨论授权的事情。琼斯向杰克描述了整个任务，还开了一个完整的授权会议，因为这会帮助杰克正确地起步。琼斯同意杰克访问50名消费者以确定他们对这种护肤品的看法，然后在9月1日之前写一个总结报告。当杰克离开琼斯的办公室的时候，他说："琼斯，你有一件事情没有提到，那就是你将如何监控这项工作的进展。"琼斯回答说："我明天给你一个答复。"

琼斯制订了定期检查计划，并制成表格形式：

任务	消费者调查	被授权人	杰克
授权时间	6 月 15 日	完成时间	9 月 1 日
时　间	所需要的定期检查		建议方式
6 月 20 日	检查杰克制定的日程表		以流程图的形式做出来，然后口头讨论
7 月 10 日	检查问卷调查表的草稿		书面总结
7 月 20 日	是否联系了所有的被采访者		口头汇报
8 月 20 日	是否访问完了		口头汇报
8 月 25 日	检查最终报告的草稿		书面总结

当琼斯完成这张表格时，她复印了一份给杰克。这样他们就可以按照这个定期检查的日程来开展各项工作。

你有很多方式可以监控授权：口头会议、书面总结、正式报告、流程图、核对表、日历等，但无论何种方式都必须注意的关键因素是：你必须有个时间进程表。你要以此进程表作为控制授权工作以避免员工可能发生重大的失误。如果真的出现失误，这个责任要由你来负。

◎ 谨慎对待员工的越权行为

领导在授权的同时，必须进行有效的指导和控制。如果领导听任员工越权行事，这种控制就难以驾驭。

对待员工的越权可采取以下三个措施：

（1）先表扬后批评。有的下属越权，是做了本来应该由领导决定的事。这和他较强的事业心、责任心有关。这种越权精神还有可以原谅的地方，对这种出于正当动机而越权的下属，应该又表扬又批评，先表扬后批评。这样员工才既能为领导的公正、体贴、实事求是所感动，又会领悟到什么该做，什么应该克服。

（2）强调下不为例。有时员工的越权决定，可能是正确的，甚至干得很好，但领导一定要指出这种行为下不为例。

（3）因势利导，纠正错误。有时下属越权，对问题的处理是错误的，这时领导要根据情况及时补救、纠正，"亡羊补牢"，力争把损失减少到最小，并及时教育员工吸取教训，警诫其越权行为。

要减少员工的越权，还要注意在授权中做到以下两点：

第一，尽量减少反向授权。员工将自己本来应该完成的工作交给领导去做，叫做反向授权，又叫倒授权。发生反向授权的原因一般是：员工不乐意冒风险，怕挨批评，缺乏信心，或者由于领导本身对任务"来者不拒"。除去特殊情况，领导一般不能允许反向授权。解决反向授权的最好办法是在同员工谈工作时，让其把困难想得多一些、细一些，必要时，领导还要主动帮助员工提出解决问题的方案。

第二，学会分配"讨厌"的工作。分配那些单调乏味的或人们不愿意干的工作时，领导应开诚布公地讲明工作性质，公平地分配繁重的工作，但不要讲好话或道歉，要使员工懂得工作就是工作，不是娱乐游戏。

第四章　恩威并施的9个奖罚细节

代企业领导推崇"以人为本"，是要把下属摆在主体的地位加以考虑，尊重他们的人格，体察他们的性情，重用他们的能力。但这绝不意味着以情感代替原则，以理解取消制度，因为这样只能纵容下属产生不合理的欲望和行为。

◎ 管理就是严肃的爱

作为领导，如果不是一个下属在你面前为所欲为，而是一群——这时你该怎么办呢？不妨惩一儆百。

有的领导面对这种情况不知如何是好，想杀一儆百却又怕犯了众怒，如此犹豫不决，反而扩大恶劣影响！如果有一件事可以很明显地看出是小张的过错，同事认为经理应该会对他发相当大的脾气，然而经理却只是让他以后小心点便原谅了他的过错，为此大家颇感失望。"前有车，后有辙。"再有员工出现过错时，经理也就无法批评犯错误的人了。渐渐地你的刀口越来越钝，最后你会落得谁也不敢批评的下场，继而无法领导下属。所以在需要批评时，就必须大声地批评才行。

在众人面前批评某位下属，其他的下属亦会引以为戒。此即所谓的"杀一儆百"，即藉由处置一人来使他人反省。

当场被批评的人，宛如是众人的代表。在任何团体中，皆有扮演被批评角色的人存在。领导通常会在众人面前批评他，让其他人心生警惕。但是这个角色绝非每个人皆能胜任，必须选出一个个性适合的。他的个性要开朗乐观、不钻牛角尖，并且不会因为一点琐事而意志动摇，如此方能适合此项任务。应避免选用容易陷于悲观情绪或者太过神经质的人。若错误地选择了此类型的下属，往后将带来许多的困扰和麻烦。

虽然你只能对自己的下属批评，但有时你也会遇到必须批评其他单位员工的情况。这不仅越权而且有悖企业的准则，然而相信亦有例外的情形。

例如，某家服装公司的销售部主任，平时即对采购部科长的应付态度太过懒散颇为不满，但由于对方的身份是科长，因此无法当面予以指责。虽然这位主任曾经与自己的上司——销售部科长讨论过，然而由于上司是位好好先生，因此无法从上司那里得到任何解决的方案。就在思索如何利用机会与对方直接谈判时，分发部的某位员工因未遵守缴交期限而发生问题。销售部主任便借机大声批评那位犯错的员工。他特意在采购部科长面前批评。此时采购部科长并未表示任何意见，然而弊端在不久之后便改善了。

此项技巧采取的就是游击战术，若对下属采取正面攻击时比较麻烦，但是若你本身有理，就不会觉得那么可怕。遇到形式上的反攻时，只需稍微转身便可反击。对于无法与其正面争吵的人，若企图使其认同你的主张，则上述的方法不失为一则妙方。

上司借由批评下属的行为，亦能转换为本身的警惕。你在批评下属"不准迟到"时，自己也绝不可迟到。当你批评因喝醉酒而误事的下属时，自己也不可有喝醉酒的情形发生。对下属的批评，最终受益最多的人或许是自己。因此，你更不应该错失良机。必须谨慎地选择批评的机会。

总之，不能娇纵下属。

例如，某上司必须批评下属陈某。然而上司实在无法拉下脸来、当面批评，便想尽方法使陈某反省、改过。他做每件事都刻意妨碍到陈某的工作，他认为经由此，陈某的行为应该便会改善。事实上，这位上司的做法毫无意义，无论对其本身或陈某来说，这都只是不愉快的经历而已。

该扮红脸时不妨扮红脸，该扮白脸的时候也不妨扮扮白脸，让下属看看你的不可触犯的一面。

◎ 姑息养奸让管理者自食其果

现代企业领导推崇"以人为本"，是要把下属摆在主体的地位加以考虑，尊重他们的人格，体察他们的性情，重用他们的能力。但这绝不意味着以情感代替原则，以理解取消制度，因为这样只能纵容下属产生不合理的欲望和行为。纵容下属，是领导工作的大忌，这样做的会让管理者自食其果，这是领导工作中铁的教训。

作为一个管理者，我们提倡对下属多宽容、少苛责，但是，也不能宽容得过了分，变成了姑息养奸。姑息养奸不但不能让下属对你服服帖帖，反而会让你威风扫地。某位充满自信的上司曾经说过："因为我对自己的工作充满热忱，因此对于下属我也严加指导。"但是，有人向他的下属询问情况时，他们却异口同声地回答我："他才不是严格，他只是喜欢挑下属的毛病而已，而且相当啰唆！"

叱责，一般是上司对下属的行为，是单方面的特权，但这并不表示上司可以随意叱责下属。作为上司，当你在叱责下属时，对方也并非一定都会从内心深处感到懊悔，并且向你道歉。表面上他认为不要忤逆上司较好，所以始终低着头，最后冷笑一声说："不！不！你的教训相当有道理，这全都是我不好。"对于此种类型的下属，必须使他了解你叱责的缘由。或许你因此会花费较长的时间与精力，但是不可吝于付出这样的努力。对于会产生反抗行为的下属，则要详细解释到他能完全理解为止。

有的下属在将被叱责时，会很有技巧地支吾其辞，或者将责任推到别人身上，然后逃之夭夭。对于如此狡猾的下属，必须严厉地叱责。假如对此种现象视而不见，则"赏罚分明"原则便会有所疏失。

对于可能产生反抗行为的下属，你必须使其了解错处。或许对方会提出辩解，必须静下心来倾听，然后在下属的辩解中发现他的误解之处，一旦有夸大其词、歪曲事实之嫌时，应马上指出并令其立即改正。有的下属一被叱责，便会提出冗长的辩解，可以听听看，但不可逾越一定的程度。辩解终究是辩解，必须命令其不可再犯相同的错误。如果碰到难缠的下属，则必须事先做好心理准备。有时因状况不同，必须分组彻夜讨论，此时你更不应该胆怯，必须具备拼搏的干劲才行。

完全不听下属的辩解是不近人情的。每个人都有自尊心，只是单方面地被叱责而无法提出解释的机会，对方必定会觉得不公平。若下属净说些毫无意义的理由，可见他的内心此时多少已有些纷乱了！即使下属一厢情愿地以为自己的辩解得到了认同。但此想法对他而言，可说是一大安慰。预留一点余地给对方是一种美德。《孙子兵法》中曾提到要事先给敌人预留退路，以免其殊死搏斗。就算是与你有深仇大恨的下属，也不可将其赶尽杀绝，片甲不留。否则不仅自己受到伤害，周围的人也会感到困扰。

有的下属会因为被叱责而显得意志消沉，也有的会吓得面无人色。然而叱责亦是一剂良药，你可以借此期待他从失意的泥沼中站起来。当叱责对下属而言是一个相当沉重的打击时，不妨在私下拍拍他的肩膀或握握手予以安慰，相信这剂药方将会发挥很大的疗效。

要想不姑息养奸，就必须学会叱责下属，使其时时注意自己的言行。

◎ 该奖一定奖，该罚一定罚

追求快乐、逃避痛苦是人的一种本能。鉴于此，管理制度的设计也分别引入了奖励和惩罚两种手段。奖励是一种激励性力量，惩罚是一种约束性力量，在奖励和惩罚之间的地带，是领导纵情驰骋的空间。但是，在近来人性化管理大行其道的影响下，很多领导十分重视运用奖励制度，冷落了惩罚制度。具体表现在相对于奖励制度，惩罚制度的数量、方式和力度都有减少，甚至有的惩罚制度竟变成了一纸空文，根本得不到执行。这种主动放弃惩罚的做法，无疑是一剂管理上的毒药，日积月累后，其危害不容小视。

某保险公司，在年终时距离完成年度任务指标还有不小的差距。为了完成任务，总经理下令，不但给一线的业务员施加压力，而且要求所有的内勤人员在做好本职工作的同时，每个人都要承担一定的业务指标，并且规定了每个人必须完成的指标下限。为保证任务的落实，总经理还制定了奖惩措施，对超额完成任务的人员视额度予以丰厚的奖励，对不能完成任务下限的下属，则要给予惩罚。最后，该公司"冲刺"成功，如期完成了任务。从整个情况来看，部分有能力的下属超额完成了任务，有的业绩还很不错。而很大一部分下属则在压力下仅仅完成了任务下限。还有一部分下属，由于种种原因，没能完成任务。少数几个下属甚至根本就没有采取任何行动，他们的业绩是"白板"。

总经理知道，如果不兑现奖励，一定会招致下属不满，虽然这一次例外奖励的支出，大大增加了公司的运营成本，但他还是论功行赏，按照事先制定的标准一一兑现了奖励。至于那些没完成任务的下属，总经理认为这毕竟不是大多数人，况且现在公司的总体目标已经完成了，从与人为善的角度出发，没有必要和下属过不去了，事先制定的惩罚措施就这样不了了之了。

这位总经理不想跟下属过不去，他的一部分下属却跟他过不去了。在这个案例中，超额完成任务而得到奖励的下属和未完任务却逃过惩罚的下属都很高兴。但是大部分正好完成任务指标的下属却不高兴了。他们在公司高压政策之下，付出很多努力，克服很多困难才勉强完成了任务。但是他们的回报竟然和那些不思进取、偷奸耍滑者并无二致。许多人虽然不敢明着去向总经理提意见，却暗自作了决定，今后再有同类事情，一定要向这些未完成任务的同事学习。蒙在鼓里的总经理不知道，由于他的一个所谓"人性化"管理的失误，使他公司中的惩罚措施作为一种约束性力量已经在无形中失效了。而且，这种影响作为一种强烈的信号，即不完成任务者不受惩罚，将会在很长的一段时间内对组织产生负面作用。

事实上，这与领导的奖惩观有关。许多领导把奖励当成惩罚的对立面。上述案例中的总经理也是如此。在他的心目中，对未完成任务者不施加处罚，等同于不奖励。其实不然，奖励的反义词不是惩罚，而是不奖励。同样，惩罚的反义词是不惩罚。奖惩制度的层级应该是这样的：惩罚、不惩罚、不奖励、奖励。换句话说，奖励和惩罚都是相对的，该奖励时不奖励，就相当于惩罚，即隐性惩罚；而该惩罚时不惩罚就相当于奖励，即隐性奖励。领导一般能看到显性的奖励和惩罚，却看不到隐性的奖励和惩罚。上面这个案例中的总经理正是在无形中却"奖励"了偷懒耍滑的下属，从而引起了那些努力工作的下属的不满。

较多地采用激励性的奖励手段来管理，当然符合人性，这是无可厚非的。但是，这不应该以减少或弱化使用约束性的惩罚手段为前提。两者并不矛盾，而是相辅相成的。领导只有正确地理清自己的奖惩观，才能在奖惩之际游刃有余，建立合理的奖惩制度，做到赏罚分明。

另外，要想使奖惩的效果更好，一定要做到"赏不逾时"，并在惩罚时注重"热炉法则"。

所谓"赏不逾时"，即一种行为刚刚做出以后，人们对其感触较深，这时即予以表扬和奖赏，刺激较大，激励作用较强。因此，及时奖励是一个重要的方法。这就要求做领导的，要积极开动脑筋，多搞些花样，对下属的成绩给予及时多样的奖励。

对违反规章制度的人进行惩罚，必须照章办事。该罚一定罚，该罚多少即罚多少，来不得半点仁慈和宽厚，这是树立领导权威的必要手段。西方管理学家将这种惩罚原则称之为"热炉法则"——十分形象地道出了它的内涵。

"热炉法则"认为，当下属在工作中违反了规章制度，就像去碰触一个烧红的火炉，一定要让他受到"烫"的处罚。这种处罚的特点在于：

（1）即刻性。一碰到火炉时，立即就会被烫伤。

（2）预先示警性。火炉是烧红摆在那里的，谁都知道碰触则会被烫。

（3）适用于任何人。火炉对人的"烫伤"不分贵贱亲疏，一律平等。

（4）彻底贯彻性。火炉对人的"烫伤"绝对"说到做到"，不是吓唬人的。

企业领导必须兼具奖罚两手，实施起来还要坚决果断。奖赏人是件好事，惩罚虽然会使人痛苦一时，但绝对必要。如果执行赏罚时优柔寡断，瞻前顾后，就会失去应有的效力。

◎ 不赏无功之臣，不罚无过之卒

赏与罚，曾被古人称为管人的两把利剑，是管理者统御部属，使用人才的重要手段。孙武把"法令孰行""赏罚分明"，作为判明胜负的两个重要条件。曹操也说："明君不赏无功之臣，不赏不战之士。"赏罚分明得当，是古今中外一切用人者的根本原则。管理者一定要正确使用赏罚，切莫随心所欲，无原则赏罚。

不赏私劳，不罚私怨。不奖赏对私人利益有功的人，不惩罚对自己有成见或隔阂的人。现实生活中的许多当权者，在这个问题上往往处理不好。且不说封建社会中的帝王将相常常把大量恩荣给予伺候自己的"心腹之人"，就是现代少数管理者，也是往往把给自己出过力的司机、秘书、公务员等人施以种种特权，惹得其他部属的反感和不平。

有功即赏，有过即罚。管理者要正确地用人，真正调动部属的积极性，必须做到按功行赏，论过处罚。这样做有以下三点好处。一是为部属提供一个公平竞争的环境，大家就会尽心尽力地工作，以争取奖赏，避免惩罚。二是可以避免人为的矛盾。如果不坚持功奖过罚，部属难免有亲嫡疏旁之感，相互之间的隔阂矛盾便会随之而生。如果惟功是奖，惟过是罚，部属会感到领导一视同仁，矛盾自然消失。三是可以调动大多数人的积极性。无论赏还是罚，只有得当，才能起到激励作用。如果失度，不仅没有受到赏罚的人心里不服，即使受罚者也不以为然。因此，在赏罚上不能搞平均主义，不能吃"大锅饭"，必须坚持功过分明，无功受禄，罚不当罪，皆是管理者的大忌。

在企业的经营领导中，领导奖罚分明，恩威并用，也就是"推"与"拉"的艺术，所谓"推"即压力领导，"拉"就是奖励领导，成功的领导总是能将"推"与"拉"很好地搭配使用，根据不同的对象，选择不同的方式，促使和激励企业员工提高生产和工作效率，推动企业向前发展。

日立会社董事长仓田主税就深谙赏罚并行、恩威并施之道。

日立会社是国际著名的大企业，其产品遍布世界各地，它的崛起和发展，仓田主税做出了很大贡献。仓田主税的一个法宝就是恩威并施。

仓田主税深信企业的发展有赖于全体员工的积极进取，稳定职工队伍是十分必要的。于是，他为日立的员工提供了广泛的福利。日立会社的15万男女员工，每人都能够住到租金低廉的房屋，上下班有交通车，有免费的读物，甚至有结婚补助金和死亡抚恤金等，待遇是很不错的。因此，全体员工都拧成了一股绳，工作热情非常高。从1950年日立会社成立以来，没有发生过严重的罢工或者不安定的情况。但是，仓田主税对待日立员工并不完全只是一个充满慈爱的父亲。他在最初被任命为日立社长时，曾坚持裁去16.5%的日立员工。正是运用这种恩威并施的手腕，仓田主税把日立的众多员工紧密团结在自己周围，上下同心，精诚合作，写下了日立会社的宏伟篇章。

◎ 奖惩要照顾到大多数人的民意

追求快乐、逃避痛苦是人最基本的动力之源。鉴于此，领导制度的设计也分别引入了奖励和惩罚两种手段。奖励是一种激励性力量，惩罚是一种约束性力量，在奖励和惩罚之间的地带，是管理者纵情驰骋的空间。但是，在近来人性化领导大兴其道的影响下很多管理者十分重视运用奖励制度，冷落了惩罚制度。具体表现在相对于奖励制度，惩罚制度的数量、方式和力度都有所减少，甚至有的惩罚制度竟变成了一纸空文，根本得不到执行。这种主动放弃惩罚的做法，无疑是一剂毒药，日积月累后，其危害不容小视。

某保险公司，在年终时距离完成年度任务指标还有不小差距。为了完成任务，总经理下令，不但给一线的业务员施加压力，而且要求所有的内勤办公人员在做好本职工作的同时，每个人都要承担一定的业务指标，并且规定了每个人必须完成的指标下限。为保证落实，总经理还制定了奖惩措施，对超额完成任务的人员视额度予以丰厚的奖励，对不能完成任务下限的员工，则要给予惩罚。最后，该公司"冲刺"成功，如期完成了任务。从整个情况来看，部分有能力员工超额完成了任务，有的业绩还很不错。而很大一部分员工则在压力下仅仅完成了任务下限。还有一部分员工，由于种种原因，没能完成任务。少数几个员工甚至根本就没有采取任何行动，他们的业绩是"白板"。

总经理知道，如果不兑现奖励，一定会招致员工不满，虽然这一块例外奖励的支出，大大增加了公司的运营成本，但他还是论功行赏，按照事先制定的标准——兑现了奖励。至于那些没完成任务的员工，总经理认为这毕竟不是大多数人，况且现在公司的总体目标已经完成了，从与人为善的角度出发，没有必要和员工过不去了，事先制定的惩罚措施就这样不了了之了。

这位总经理不想跟员工过不去，他的一部分员工却跟他过不去了。在这个案例中，超额完成任务而得到奖励的员工和未完成任务却逃过惩罚的员工都很高兴。但是大部分正好完成任务指标的员工却不高兴了。他们在公司高压政策之下，付出很多努力，克服很多困难才勉强完成了任务。但是他们的回报竟然和那些不思进取、偷奸耍滑者并无二致。许多人虽然不敢明着去向总经理提意见，却暗自做了决定，今后再有同类事情，一定要向这些未完成任务的同事学习。蒙在鼓里的总经理不知道，由于他的一个所谓"人性化"的领导失误，在他的公司中，惩罚措施作为一种约束性力量已经在无形中失效了。而且，这种影响作为一种强烈的信号，即不完成者不受惩罚，将会在很长的一段时间内对组织产生负面作用。

事实上，这与管理者的奖惩观有关。许多管理者把奖励当成惩罚的对立面。上述案例中的总经理就是如此，在他的心目中，对未完成任务者不施加处罚，等同于不奖励。其实不然，奖励的反义词不是惩罚，而是不奖励。同样，惩罚的反义词是不惩罚。奖惩制度的层级应该是这样的：惩罚、不惩罚；不奖励、奖励。换句话说，奖励和惩罚都是相对的，该奖励时不奖励，就相当于惩罚，即隐性惩罚，而该惩罚时不惩罚就相当于奖励，即隐性奖励。

管理者一般能看到显性的奖励和惩罚，却看不到隐性的奖励和惩罚。上面这个案例中的总经理正是在无形中"奖励"了偷懒耍滑的员工，从而引起了努力工作的员工的不满。

◎ 惩罚三字诀：稳、准、狠

管理者运用批评、惩罚手段应该富有技巧性。"打一巴掌"很重要，但一定要打得响，打得绝。具体说，打这一巴掌要做到"稳、准、狠"。

稳。采用强硬手段，惩罚一个人，也是要冒风险的。这主要在于，被惩罚者有时有良好的人际关系，有时掌握着关键技术信息，有时有着很硬的后台。

拿这样的人开刀，就要对其背景多加考虑，慎重行事。惩罚不当终会带来抵制和报复，因此在动手之前首先应想到后果，也能够拿出应付一切情况发生的可行性办法。

准。批评、惩罚都要直接干脆，直指其弱点，直刺其痛处，争取一针见血。

有时某人总是犯同样的错误，或者代表一类人的错误，这时的惩罚一定要选准时机，待其犯错最典型、最明显、最有危害性时方痛下杀手。这时切忌无事生非，不明事实；也切忌小题大做。这样才会做到让受罚人口服心服，也才会真正让众人引以为戒。

狠。一旦看准时机，便要下定决心。出手要利落、坚决、果断，毫不容情。切忌犹疑不定，反复无常，拖沓累赘。

一些杰出的管理者的经验是："一旦采取坚决措施，便变得冷酷无情。""即使当他们不得不解雇某人时，也并不因强烈的内疚而变得犹豫不决。"这样做，也是在向众人显示，我的做法是完全正确、适宜的，我对我的做法毫不后悔，充满信心，这是最好的选择。

加强对员工的约束，要有强化纪律的书面规范，保证下属得到公平的对待，避免因一时冲动而对他们的严厉惩罚。强化纪律有以下四个阶段：

第一次犯错，口头警告。下属必须知道他们错在哪里。你要记下给他们警告的时间、地点和周围环境。

第二次犯错，书面警告下次犯错误要受罚，扣工资或者换工作。这封警告信一式三份，一份给犯错误的员工本人，一份给领导，一份存档。

第三次犯错，临时停止工作。根据你们达成的协议和错误的性质及程序，给予长短不同的停工时间，停发一切报酬。

第四次犯错，降职、降级，或者调换工作、开除。

　　根据各种因素，做出上述惩罚之一。其中调换工作是最常见的，因为这样既可减少解雇给他们造成的打击，又可以使自己减少一个问题户。当然要了解清楚确实是岗位不适合，换一个工作会使他干得更好，否则轻易不要这样做。调换工作部门之后，还要将该人的资料全部移交过去。

◎ 惩罚讲艺术，不能为惩罚而惩罚

　　惩罚一般分为批评、纪律处分、经济处罚和法律制裁四种方式。无论采用哪一种方式，实施中都要讲究方法和艺术。具体来说，实施惩罚的艺术体现在以下几方面：

　　第一，正确处理教与罚的关系，要教重于罚。

　　惩罚不是目的，是为了更好地教育下属和调动其积极性。因此，要以防为主，防惩结合，教惩结合，不能为惩处而惩处。要从教育人、挽救人、调动人的积极性的目的出发，把教育与惩罚紧密结合起来。一定要坚持思想教育在先，惩罚在后；要坚持以思想教育为主，以惩罚为辅。实施惩罚时，要"重重举起，轻轻打下"，平时教育从严，处罚从宽，思想批判从严，组织处理从宽，重教轻罚。管理者在惩罚前，如果不预告警示，势必使下属产生无过受罚之感，弄得人心惶惶，进而离心离德。所以，管理者要先教后罚，多教少罚，这样不仅能使犯错误的人减少，而且还能使下属心服口服。

第二，正确处理法与罚的关系，要罚前得先制定制度。

奖赏是以功绩为依据的，惩罚是以过失为依据的。制度是人们的行为界定的规则，是维护人们正常生活、工作等秩序的手段，也是判定人们过失大小的依据。因而，有制度才有惩罚。没有制度，惩罚就没有标准，也就没有真正的惩罚。所以，管理者在实施惩罚前，必须首先制定有关制度，让下属有明确的行动准则和禁界，以自觉维护正常的工作秩序。然后，方能对违犯者依制度惩处。否则，就不足以服众，难以达到惩罚的目的。

第三，正确处理宽与严的关系，要宽严适度。

管理者对待犯错误的下属，要像医生对待病人一样宽严相济，根据病情，找出病因，说明其危害程度和严重性。作为一个管理者，要严格掌握惩罚的度。在实际工作中，对违规者一定要具体分析其错误的性质和情节，区别是偶然还是一贯，考察其一贯表现及认错态度，全面地、历史地具体分析有关问题。根据错误的大小、性质及危害程度，区别对待，需经济惩罚的则经济惩罚，该行政处分的要行政处分，对确实作出了各种努力真心实意想把工作做好，但由于种种原因致使工作有些失误的，要从宽对待。总而言之，一味地过宽或过严，过轻或过重，都会削弱惩罚的效果。过宽，不足以制止不良行为；过严，会造成逆反心理，不仅起不到惩罚的作用，反而会适得其反。管理者对人对事，该宽该严，都不能从自己的主观好恶出发，更不能感情用事。管理者只有铁面无私，从实际出发，宽严公道，才能有效调动下属的积极性。

第四，正确处理罚与理的关系，要罚后明理。

惩罚兑现之后，不论是行政纪律处分，还是经济处罚手段，都代替不了必要的思想政治工作。有的管理者对下属的不良行为，动不动就以处分、罚款、扣奖金了事，以罚代教，结果造成不良影响，甚至造成对立情绪。必要的处罚作出以后，事情并没有完结，要把思想工作跟上去，具体指出他错在哪里，帮助其查找犯错误的思想根源，让其真正认识自己的错误，使其增强改正错误的决心和信心，并为其改正错误创造条件。

第五，正确处理罚与情的关系，要情罚交融。

管理者对有过失的部下，也要尊重、理解、关心，要关心他们的实际生活，为其排忧解难，让其充分体会到领导的温暖。但这不能以丧失原则为代价，也就是说既要讲人情味，又不能失去原则性。否则，应处分的不处分，大事化小，小事化了，这样不仅不能使下属吸取教训，引以为戒，还会助长歪风邪气，丧失制度的严肃性和威慑力，降低自己的权威性和号召力。因此，切不可把人情味庸俗化。人情味要讲，原则性更要讲。只有在坚持原则的前提下，人情味才能更有效，更具有教育性和感召力。

◎ 奖惩都要给对方明确的理由

一个有十六年工龄的员工在公司重组时被解雇了，原因是他"工作不合格"。但是自他加入公司以来，每一年的业绩考核结果都表明他的工作是符合要求的，因此，这位员工感到不平，不理解为什么自己会由于"工作不合格"而被解雇，于是，他起诉了原公司。

法庭进行了大量细致的调查，证明这个员工在相当长的一段时间内，工作一直达不到标准水平。然而，因为每个经理都急于摆脱他，想把他转到其他部门，为了使不知底细的其他部门经理愿意接收他，就给了他一个"达到标准"的工作评价。

在法官面前，这位员工陈述说，经理没有如实地指出他的缺点，也就等于剥夺了他改正自己错误的机会。结果这个员工打赢了这场官司，他原来的公司被迫全额补发了他的工资，而且还另外支付了一大笔赔偿金，来弥补"他的痛苦和精神压力"。

因为没有作出诚实的反馈，该公司付出了沉重的代价，所以，在进行反馈的时候，一定要实事求是，把真实的情况告知给员工。虚假现象和欺骗行为会误导员工，其结果如同搬石头砸自己的脚。

在这方面，有的管理者做得就很好。例如下面的谈话：

"小王，我对你的工作态度不满意。前天开员工会议时，你迟到了半个小时，而且还告诉我，你还没看过我们正在讨论的报告；昨天，你又说家里有事，提前一小时就下班走了……"

"老张，你对我们的客户科尔公司所做的工作让我很满意。上个月他们在我们公司的订货总额提高了20%；几天前，我接到科尔公司负责人丹·菲利普先生打来的电话，称赞你对于产品规格和性能非常熟悉……"

正是因为这位经理针对具体行为进行了反馈，小王不但心悦诚服地接受了批评，而且很快就改进了这些缺点，而老张也继续保持了这些好的方面。相反，如果只是笼统地说："小王，你的工作态度很不好。""老张，你的出色工作给我留下了深刻的印象。"那效果就会大为逊色了。小王可能并没有意识到自己的不足，对你的话会感到摸不着头脑并感到精神紧张，而老张则可能会对经理的表扬不以为然，缺少那种现实的激励。没有反馈的奖罚相当于半途而废。反馈是奖罚最后的也是最重要的一个环节。如果奖罚永远是管理者的暗箱操作，那么，奖罚将因此失去员工的参与和信任，而且，奖罚作为一种评价，其激励的作用也大为萎缩，从而失去真正的价值。

总之，不论管理者进行奖励或者是处罚，有一点非常重要——根据员工的具体行为，明确指出他到底"错"在何处，而又"对"在哪里。

◎ 掌握批评下属的高明技巧

管理者面对下属，必须坚守原则，该批评就批评，绝不姑息纵容！

批评的方式有多种：有像下大雨似的怒骂对方，也有像下梅雨般很有耐心地批评对方。批评的形式也各有特色，也因各人性格而有所差异。很多人主张批评时要冷静，千万不可意气用事，但是能够达到此种境界的人并不多。上司因为生气、发怒才会批评下属，若下属反省自己的失败，即不需责怪他；反之，若下属毫无反省之意时，才需要责骂。

事实并非这样，若你批评未达成任务的下属，他必不会重蹈覆辙。有时下属会觉得将被批评，但是此时你却未予以批评，只是温和地叮嘱他，则你的下属会深觉"失望"，觉得上司的反应令人不愉快，事后心里还留下疙瘩，反而觉得领导管理方式更讨厌。若被上司痛骂一顿，一切也就过去了。因此，遇到该批评时，你最好顺应下属的"期待"。

如果你突然对一位并不认为自己失败的下属大声批评，恐怕会令对方一头雾水。如果下属不明白自己为什么被批评，则此行为便毫无意义。如不能对下属说明批评的原因，只会令他垂头丧气。因此，对于不明了失败原因的人必须耐心地指导。

很多主管并不擅长批评下属，他们颇为在意的反倒是下属的情绪。他们认为毫不留情地批评下属是不好的，若批评无法使对方完全理解，那批评就毫无意义。如你一边批评，一边在意下属的反应，只会被下属看轻。此即所谓的"虚假的批评游戏"，当然不算是批评。有位科长向主管报告："我已经训斥过他了，他本人也在反省。"而那位被批评的下属却对他人说："我给科长面子，倾听他的埋怨。他好高兴啊！"

有人认为，在大声且一气呵成地批评下属后，要像狂风过后的万里晴空一样，不可拖泥带水。然而这种方式却也容易失去批评的意义。原因在于被批评的人刚开始通常"听"得进去，但往往不消5分钟，他就会表现出不在乎的态度，刚刚才被责怪的事早就忘得一干二净了。由于下属本身并不感到愧疚，因此同样的错误很可能重复出现。对待这种下属，必须采取紧迫盯人的方法。即使批评他"听好！不能再失败了""你应该为那些收拾善后的人想想看""你应当好好地反省反省"这类令人感到厌烦的话亦无妨。

在批评下属时要情绪性地批评，但必须注意措词，绝不可用粗俗下流的词句。在一个正派经营的公司里，是不宜听到"我怎么知道""别开玩笑了""笨蛋"等这些词句。也有人为了显示自己的地位，而胡乱地怒斥下属，像这种上司是无法得到下属的认同的。另外，有一点必须牢记，每个人必有其优点，我们要爱人、尊重人，这才是我们的生存力。

第五章　把庸才变干将的 8 个育人细节

员工决定企业的成败，员工弱则企业弱，员工强则企业强，员工进步，企业才能进步。世界优秀的企业都注意对人才的培养，在不断改善员工的薪资、工作环境的同时，也加大培训力度，以员工的进步推动企业的进步。因为一流的培养造就一流的人才，一流的人才造就一流的企业。

◎ 造人先于造物，用人不忘育人

日本松下电器公司创建于1918年，现已发展成为享誉世界的企业集团，在全球家用电器市场上占据重要地位。松下集团创始人松下幸之助不仅在日本享有盛名，被誉为"经营之神"，而且他还上了美国《时代》周刊的封面。美国斯坦福大学教授帕斯卡尔和哈佛商学院教授阿索斯在他们合著的《日本的管理艺术》一书中，赞誉松下幸之助是世界级的企业管理天才。如今，全球各地的企业家、经理人都在学习松下幸之助的经营管理观念。

有一次，松下电器举办了一期人事干部研讨会，与会者都是各部门的人事主任、人事课长。松下幸之助莅会讲话。他单刀直入地发问："在拜访客户的时候，如果客户问你们，松下电器到底是制造什么产品的公司，你们都怎么回答？"业务部的人事课长A君恭恭敬敬地回答道："那我就回答对方，松下电器是制造电器产品的。""像你这样回答是不行的！你们这些人脑子里装的是什么呀？"松下幸之助的训斥突然响彻整个会场。

这难道错了吗？难道公司不是制造电器产品的吗？大多数与会者莫名其妙，遭训斥的A君更是丈二和尚摸不着头脑。松下先生拍打着桌子怒气冲冲地说道："你们这些人不都是在人事部门任职的吗？如果有人问你们松下电器是制造什么的，你们要是不回答松下电器是培育人才的公司，并且兼做电器产品的话，就表示你们对人才的培育一点都不关心，就是严重渎职！"

"造人先于造物"就是松下幸之助人才观的直接反映。他认为，企业是由人组成的，必须强调发挥人的作用。松下指出："公司要发挥全体职工的勤奋精神，必须使员工的生活和工作两方面都是安定的。因此，'高效率、高工资'是我们公司的理想，虽然不能立即达到，但要尽一切努力促其实现。"

松下公司善于争取众人之心，巧妙地使员工们对公司产生亲切感，造成了一种命运与共的氛围，因而员工们都积极参加提供合理化建议的活动。松下公司的阿苏津说："纵使我们不公开提倡，各类提案仍会源源而来。我们的职工随时随地——在家里、在火车上，甚至在卫生间里——都在思索提案。"

由职工选出的委员会去推动提案工作，就使得该项工作在职工中号召力更大，提案率也就更高。比如，松下公司的技术研究开发工厂曾有职工 1 000 多名，提案总数却达 7.5 万个，平均每人 50 个提案。

松下集团有职工 6 万名，提案超过 66 万个，其中被采纳的就有 6 万多个，约占总提案数的 10%。

及时认真、全面公正地对员工提案作出评审，也很好地激发着员工的提案热情。由各部门经理组织提案，评审委员会主持评审工作，及时和认真是提案评审的基本要求。一是及时，在一个月内作出评审并公布结果，以取信于员工；二是认真，进行严格审慎的研究，拿出具体方案。凡被采用者，提出实施的时间，并评定授奖等级；凡未被采用者，提案发还本人，说明未被采用的原因；若被认为尚欠成熟，但有深入研究价值者，则鼓励其作进一步的研究，公司提供方便。

松下幸之助总结的育才方针有四条：灌输经营基本方针；提高专门业务能力；培养经营管理能力；扩大视野形成人格。那么，企业应该培育什么样的人才呢？松下先生认为主要是十类人：不忘初衷而虚心好学之人；不墨守成规而经常有新观念之人；热爱公司并与公司融为一体之人；不自私而能为团体着想之人；能作出正确价值判断之人；有自主经营能力之人；随时随地都保持热诚之人；能得体支持上司之人；能自觉恪尽职守之人；有担任公司经营负责者气魄之人。

松下公司重视人才、科研和智力开发。当有人问"松下公司最大的实力是什么"时，松下幸之助回答："是经营力，即经营者的能力。"他指出："掌握了经营关键的人是企业的无价之宝。"所以，松下先生强调，在出产品前出人才，在制造产品前先培养人才。在这样的人才观指导下，松下幸之助提出了育才七把钥匙：一是强烈感到培育人才的重要性；二是要有尊重人才的基本精神；三是明确教诲经营理念和使命感；四是彻底教育员工企业必须获利；五是致力于改善劳动条件及员工福利；六是让员工拥有梦想；七是以正确的人生观为基础。

依据松下先生的育才理念以及人才培育规划，松下公司创造性地培育出了一批又一批杰出的经理、主管、业务骨干以及基层管理人才。松下集团的分公司及工厂遍及全世界，松下先生的育才理念也在世界各地生根、开花、结果。

◎ 把企业变成学校

众所周知，在现代社会中生产一种商品必须符合市场规律、适销对路，方能有市场，对人才的培养也是一样。它也必然适应社会经济发展的需要，不然就是花了很大的功夫培养人才，结果却没有作用。这不仅要考虑社会需要什么样的人才，还必须根据自己的实际情况，看要促进自身的发展需什么样的人才，然后着力培养。这即是为我所用。

领导育人要想"为我所用"就必须知道自己需要什么样的人才，然后再来给予培养。如果自己需要什么都不知道，别人也就无能为力了。这里我们可以了解一下丰田汽车销售公司的人才培养方式。丰田汽车销售公司进修中心的授课教师，全都是从汽车销售公司和丰田销售店挑选出来的具有销售经验的人员。为使讲课内容适应知识的更新，授课教师实行两年轮换制。教材是由经营管理协会、丰田汽车研究中心合作编写的，紧密联系汽车市场的实际情况和需要，贯穿理论与实践的统一。进修的学员从一般推销员到管理人员，分别听取各专业化的讲座。还有一种针对企业高级管理人员的讨论会，由教授主讲，用具体事例进行教学。从丰田公司的育人思路我们可以看出人家培养人才全是为自己的实际需要，而不是花钱买个文凭来装点门面。

管理者只有培养适销对路的人才才能在用人的时候有才可用、用之能胜。

对于企业管理者来说，重视发现和选拔人才相当重要，同时在发现和选拔人才后的人才培养和管理也是相当重要的。因为人才不是天生的，而是在后天的环境中慢慢养成的。人才的诸多素质只有在新的岗位上才能够得到体现，因此企业必须注重人才的培养和管理，为人才施展其抱负创造一个起飞的平台。

有的管理者认为企业不是学校，因此只注重人才的使用，而不注重人才的培养。这种观点是大错特错的。主要原因如下：

一是现代社会是一个信息时代，新的知识点就像雨后春笋一样层出不穷。从学校学习到的知识，或者从原来就职的企业学到的经验，对现在就职的企业来说有一半以上可能已经过时，因此企业必须重视对员工进行培养，这样才能够造就人才，为企业服务。

二是从学校培养出来的相当部分的人固然是人才，但是并不是适合本企业发展的人才。因此企业必须通过人才培养来将企业的理念和行为准则灌输到员工身上，进而培养适合企业的人才。

三是企业就是一个学校，在人才的培养过程中，企业和人才实现了互动，这是有利于企业自身发展的。

人才归根到底是由企业培养的，因为所有的真知灼见都是从实践中来的。一个学校的毕业生只有在社会中才能够实现自己在学校所学知识的价值。

◎ 投在员工身上的钱最赚

员工决定企业的成败，员工弱则企业弱，员工强则企业强，员工进步，企业才能进步。明白了这样道理，企业管理者要重视员工的培训，在不断改善员工的薪资、工作环境的同时，也要加大培训力度，以员工的进步推动企业的进步。大多世界知名的企业都把培训作为企业发展的重要途径。

西门子公司一贯坚持由公司自己来培养和造就人才。早在1910年，西门子就为其内部人员开设了正式的培训课程，只不过与后来豪华的培训场所相比，早期的培训是在车间进行的。后来，西门子建立了针对不同层次员工的各类培训学校，并为这些学校配备具有丰富经验的培训老师。在西门子的全体员工中，每年参加各种定期和不定期培训学习的多达15万人。公司每年用于培训及购置最先进的培训实验设备的费用就高达6~7亿马克。但是，在西门子高层的认识中，从来都不觉得这笔费用昂贵。

与西门子不同的是，麦当劳强调的是全职业规划培训，也就是"全职业培训"。在麦当劳，从计时员工到高阶主管，结合他们的职业生涯规划，都有不同的培训计划，通过各区域的训练中心以及汉堡大学进行阶梯式的培训，使得麦当劳的员工能够持续不断地学习、成长。麦当劳在人才引进上不注重资历、学历，在他们不计较员工出身的背后，是他们对自己培训体系的自信。麦当劳非常重视员工的成长与生涯规划，他们的高层多是从内部晋升上去的。

　　LG公司的培训最为特别，他们更加注重精英群体的培训。在LG公司，每个员工的培训机会不是一样的。新员工只有一些最基础的培训，而做到高层管理者的员工，则有机会去韩国总部培训中心，或去国外参加专门培训，甚至到大学里专门进修MBA。

　　公司里的很多培训项目都是专门为"核心人才"设立的。"让有能力的人先培训"，有发展潜力的员工的培训机会更多。这是LG公司对员工的一种变相激励：要想获得更多的培训机会，只有使自己的业绩更好，更优秀。

　　马云说过："我们认为员工是公司最好的财富，有共同的价值观和企业文化的员工是最大的财富。今天银行利息是两个百分点，如果把这个钱投在员工身上，让他们得到培训，那么员工创造的财富远远不止两个百分点。"

　　当互联网产业整体在裁员发展的时候，阿里巴巴却在扩大发展。因为马云觉得21世纪人才最重要，对阿里巴巴来讲，期权、资本都无法和人才相比。员工是公司最好的财富，有共同价值观和企业文化的员工是最大的财富。阿里巴巴连续两次被《福布斯》评为"最佳B2B网站"。在网络电子商务领域，阿里巴巴会员数跃居全世界第一位。没有优秀的员工，企业根本没法做到这些。而这些成绩，正是马云把钱投在员工身上赚到的。

　　对员工不培训，员工的能力就不会提高，队伍的业绩就难以提高，队伍的竞争力就会消弱，在激烈的市场竞争中，队伍就会败下阵来。对员工不培训，是管理者对企业不负责任的表现，是企业最大的浪费。

　　管理者应当把培训作为一件大事来抓，持续不断地对员工进行培训，将其作为推动队伍成长的一个重要手段。把钱存在员工的身上，是最精明的投资，把钱投在员工身上是最赚的。

◎　好队伍是夸出来的

　　适时的鼓励、赞赏和肯定，会使一个人的潜能得到最大程度的发挥。但有些管理者却整天板着个脸，以为管理就必须有"官威"，不能随便开"金口"。其实赞扬下属，对管理者而言只是感情上的付出，是于细微之处见真情的关心体贴，对于激发下属荣誉感、成就感，激发队伍的工作效率有着极大的作用。

　　赞扬是一种很让人陶醉的东西。人们总是期望别人对他们能够有一个高度的评价，你对他们评价越高，他们对你的评价也就越高。而且，当你要收回对他们的高度评价时，为了争取让你重新给予他们高度的评价，他们会作出更大的努力。对管理者来说，赞扬是一种非常高超的控制人的手段。

　　一个非常精明的管理者曾经说，他非常喜欢思考怎样才能使赞扬人的话起到跟发钱给下属一样的作用。他说："我不可能按照我希望的那样付给他们很多的钱，所以，我要把赞扬当钱使。无论任何时候，无论遇到谁，我都告诉他说：'你干得很不错。加油啊！'立刻，这话就像100元奖金似的令他感到兴奋。是的，他们不可能用赞扬去买到什么好东西。但是，他们会把它藏在脑子里的。而且，他们对我和我们公司的感觉会更好。"

这种对赞扬的评价是十分有说服力的：当你的钱已经不足以笼络住手下那些人才时，赞扬可以帮助你把他们笼络住。

表扬和批评是思想工作中常用的两种方法，也是做上司的必须掌握和运用好的最基本的领导艺术。下属有了成绩，上司就应及时加以肯定和赞扬，促其再接再厉不断进步。赞扬是一种积极的鼓励、促进和引导。一个善用赞扬的上司，才是真正懂得识才用才的管理者。

试想，如果一位主管习惯于骂人和警告人，而另一位主管则习惯赞美人，那么，哪位主管的下属更有信心、更容易发挥潜能呢？显然，每天得到的是警告及责骂的下属，他必定对自己的能力产生怀疑，从而养成一种做事瞻前顾后、畏手畏脚的毛病，有了这些毛病，势必又要受到主管的责骂，如此恶性循环下去，人才也会变成蠢才的。

要想调动员工的积极性，让员工尽心竭力为公司服务，金钱奖励是一种办法，但收服人心，善于表扬，常会收到意想不到的结果。

21世纪的管理的新理念主张人本主义观点，要求管理者的管理要按照员工的心理规律和个性差异，强调对下属的尊重和肯定。而赞美与鼓励是发挥下属潜能，增强其自信心、保证管理的科学性和有效性的重要方法。

美国心理学家马克·吐温说过："一句精彩的赞辞可以作十天的口粮。"可见赞美与鼓励的神奇力量。对赞美的渴求源于人的本性，胜过灵丹妙药，具有不可替代的力量。赞美的价值体现在管理者的赞扬，意味着下属在群体中的位置和价值和在领导心目中的形象；能满足下属的荣誉感和成就感，使其在精神上受到鼓励；能密切上下级之间的关系，化解彼此之间的隔阂与疑虑。对下属来讲，是一种优厚的精神报酬，是承接过去的成绩和未来奋斗的中介点，给予他奋斗的目标和前进的动力。赞扬使员工能做平时不敢想的事情，激发员工的潜能，是改变人心、激活队伍的持久之道。

◎ 按照员工个性来激励

激励可以激发员工的上进心，刺激队伍的成长和发展。激励是管理者管理员工、带好队伍的重要手段。

队伍中的员工性格各不相两同，激励不能千篇一律，管理者可以根据队伍中员工不同的个性类型来设计激励措施。

1.竞争型员工的激励

竞争型的员工在竞赛中表现特别活跃。要激励竞争性强的人，最简单的办法就是很清楚地把获胜的含义告诉他。他们需要各种形式的定额，需要有办法记录成绩，而竞赛则是最有效的方式。有一点经理必须明白，优秀的员工其本身已经具备强大的内在驱动力，这种驱动力可以引导，可以塑造，但却是教不出来的，因而给予他们最佳的激励方式便是巧妙地挑起竞争者之间的竞赛。

2.成就型员工的激励

成就型的员工是理想的员工，他们自己给自己定目标，而且比别人规定的高。只要整个队伍能取得成绩，他们不在乎功劳归谁，是优秀的队伍成员。激励成就型员工的方式有好几种，一是要确保他们不断地受到挑战；二是不去管他们，因为成就型的员工他们会自己激励自己，经理只要把大目标给他们锁定，可以随他们怎么干；三是培养他们进入管理层，因为成就型的员工会像经理那样进行战略思考，制定目标并担负责任。

3.自我欣赏型员工的激励

自我欣赏型的员工突出的特点是他们感到自己很重要，因此，激励这种类型的员工的最佳方式便是让他们如愿以偿，让他们带几个实习生，因为这样能激励他们不断进取，如果新手达到了工作目标，就证明他指导有方；如果他没有业绩做后盾，是不能令新手信服的。

4.服务型员工的激励

服务型的员工通常花很多时间款待宾客，跟宾客联络，但是他们的个性决定他们的业绩不会很大，因而他们往往不受重视，激励这些默默无闻的员工的一个方式是公开宣传他们的事迹，在大会上表扬他们。

对员工进行分类很重要，因为不同的激励方式能够激励不同类型的员工。无论什么类型的优秀员工，他们都有一个共性：不懈地追求。只要激励方式得当，就都能收到预期的效果。

在物质激励方面，以下几种激励方式值得考虑：建立超额奖金制度；建立月份或年份评估奖励积分制度；与绩效增加相联系的激励机制。

在公司内创造一种良好的工作氛围和企业文化，举行一年一度的岗位能手评比活动，给予优胜者以一定的奖金和旅行奖励。

5.科技研发人员的激励

科技和管理并称为现代社会发展的两个轮子，每一次新技术革命都会给人类社会带来翻天覆地的变化。现代化的生产是建立在高科技基础上的生产，需要利用先进的技术装备，巨大的规模化生产。要掌握这些先进技术装备进行生产，就必须激励科技人员的积极性。现代企业之间的竞争，也是创新的竞争，产品创新、技术创新是企业竞争的重要组成部分，它同样要依靠企业的研发人员。如何最大限度地激发科研开发人员的积极性，是一个摆在各级管理者面前的重要课题。

对于科技人员的激励，首先要为他们创造一个良好的软环境，也就是一个良好的人际关系环境。科研人员整天钻研的是机器、技术，与人打交道较少，待人接物有时可能会比较生硬，处理人际关系上有时不太协调。对此，企业的领导层应有清醒的认识，把科研人员从人际关系的扯皮中拯救出来，让他们全心全意地从事科研开发。对科技人员要给予充分的信任，协调好科技人员与财务、与市场部门之间的关系。其次要尽可能多地给科研人员提供优厚的工作条件，比如尽量提供先进的仪器设备，给予观摩学习深造的机会。

◎ 商量的口吻比强硬的命令更有效

《伊索寓言》中有这样一则寓言：太阳和北风打赌，看谁能先让行人把大衣脱去。于是太阳用它温暖的光芒轻而易举地使人们脱下大衣；而北风使劲地吹，反而使行人的大衣裹得更紧。太阳与北风的故事，向我们说明了这样一个道理：对下属要像太阳那样，用温暖去感化他们，使他们自觉地敞开心扉；如果像北风那样使劲地吹，一味地强制逼压，反而会使他们始终对领导心存戒备。

从管理角度来讲，威胁和严厉的警告能够保证工作水准，但问题是，在日常工作中有时这样行不通，常常是领导刚转过脸去，大家又我行我素了。在可能的情况下，最好避免强制，使别人服从的最有效的方法是让对方觉得受到了尊重，例如："我知道你是不会被强迫的"，"没有人非要强求你做"，"任何人都强迫不了你"，"由你决定"，等等。

当然，这些方法看起来有些冒险，但通常是非常有效的，因为它们首先消除了反抗心理，其次也可迫使对方接受任务。领导管理员工就应该对他们软硬兼施，先商量后命令，让下属接受命令之后产生"吃不了兜着走"的心理压力。

领导者大多经验丰富，照其命令去做，是没什么错误的。可是如果领导者老是持这样的想法，就会令下属不满，令下属感到压抑，不能从心底产生共鸣，只好以一种"好吧，跟着你走吧"的消极态度来应付工作。如此，就不可能产生真正的力量。

所以在对人做指示或下命令时，要像这样发问："你的意见怎样？我是这么想的，你呢？"然后必须留意，你的建议是否合乎下属的想法，以及下属是否彻底明白你的意思。

松下幸之助自从创立松下电器公司以来，始终是站在领导者的位置。但在此以前，他也曾经站在被人领导的立场，所以下属的心情，他多半能够察知。因为自己有过这样的体验，所以在下命令或做指示时，他都尽量采取商量的方式。

如果采取商量的方式，下属就会把心中的想法讲出来，而你认为下属言之有理，就不妨说："我明白了，你说得很有道理，关于这一点，我不这样做好不好？"诸如此类，一面吸收下属的想法或建议，一面推进工作。这样下属见自己的意见被采纳，就会把这件事当做是自己的事，认真去做；同时，因为他的热心，自然会产生不同的效果，这便成为其大有作为的活动潜力。即使在帝制社会，凡是成功的领导者，表面上下命令，实际上也经常和部下商量。如果能以这样的想法来用人，则被用的人会自动自觉地做好工作，领导也会轻松愉快。因此领导在用人时，应尽量以商量的态度推动一切事务。

◎ 责备时不要让下属无地自容

格利乌斯说："冷淡的称赞要比猛烈的批评更令人惭愧。因为批评你的人被看做是有偏见和敌意，而冷淡地称赞你的人被看做是朋友，他乐意称赞却找不出什么值得一赞。"

美国著名的人际关系专家戴尔·卡耐基博士给我们讲述他用赞扬的批评，帮助他的侄女。

"我的侄女约瑟芬·卡耐基来到纽约给我做秘书时，那年她才19岁，从中学毕业刚3年，工作经验等于零。现在可以说是西方国家最熟练的秘书之一。但是在开始时，只能说她是可以提高的。一天，当我正要批评她时，我对自己说：'稍等一下，戴尔·卡耐基。你在年龄上比约瑟芬大两倍，在工作经验上多一万倍，你怎么能期望她具有你的观念，你的判断力，你的能动性，尽管这也只是普普通通的能力？再稍等一下，戴尔，你在19岁时是怎么干的？记得你犯下的愚蠢的错误，办的傻事吧？记得你做的这个……做的那个……'思考一番后，我公正地得出结论，约瑟芬的平均工作成绩比我在19岁时的平均成绩要好，我很内疚地承认约瑟芬没有为此得到多少表扬。

"因此，每当我想让约瑟芬注意错误时，我常常先说这样的话：'你出了个错，约瑟芬，不过上帝知道，比我曾经犯过的许多错误来说，你的要轻得多，你不是生来就精明的，这只能从经验中去历练，而你比我在这个年龄时表现好多了。我对自己所做的蠢事、傻事很感内疚，因而并不想批评你或别人。不过，如果你这样做，你觉得是不是更明智些？'"

卡耐基博士总结道："如果批评者在开始的时候就谦卑地承认自己也并非没有缺点，那么听他数说错误也就不那么逆耳了。"

可见，批评是一门艺术。如何能够使自己的批评不伤害对方的自尊心，又能起到惩前毖后、治病救人的效果，这真的需要掌握批评这一门学问。

其实，人非圣贤，孰能无过？当员工犯了错误时，领导是简单粗暴、不分场合地给予批评，还是经过调查之后心平气顺、和风细雨地加以沟通，对部下晓之以情，既指出员工的缺点，又不伤害其自尊心，使其心服口服，从而激发起更高的积极性、主动性和创造性，这无疑显示出一个领导的领导水平如何以及其批评的艺术掌握得怎样。

批评下属是一件不太轻松也是不容易的事情，有时会令那些缺乏管理知识和经验的领导者感到无所适从。但是，谁都会犯错误，如果管理者不懂得如何批评下属，就有可能降低部门的工作效率，甚至影响整个团队的工作情绪。一般来说，领导者在对员工进行批评的时候，最需要注意的就是批评的原则与批评的方式两个方面。

批评的目的在于纠正错误。在对员工进行批评教育时，你应该首先让对方认识到你不是为了批评而批评。你是出于帮助和教育的目的，"因为爱他，所以批评他"。同时你也必须告诉他，你相信他会知错能改，你是非常信任他的，并且你也希望他能够信任你。如果你无法取得对方的信赖，即使言之凿凿，见解精辟，却依然无法令人折服。

领导者对于部下进行批评的目的是为了帮助部下认识错误，改正错误，而不是为了把下属制服，或者一棍子打死，也不是拿部下出气，显示自己的威风。这就要求领导者以关怀爱护的态度来对待犯了错误的人，耐心地倾听他们的意见，客观地帮助他们分析问题、查找原因，从而使他们真正认识到自己的问题，鼓起勇气，下决心改掉缺点和毛病。

1.尊重事实、公正合理

领导批评下属，一定要尊重事实，公平合理，说话要有分寸，批评要有根据。切不可随便捕风捉影，没有证实就企图让部下接受批评。那样势必惹起部下的反感。因为每个人都有自尊心，对批评意见都会比较敏感，一旦事实有出入，产生对立、抵触情绪是必然的。

弄清楚部下犯错误的过程，分析错误的性质、程度及原因，这样，针对性地批评部下容易接受。

2.适度原则

对于犯错误的员工，领导的批评深浅要适度，不能无度、缺度或过度。哲学家黑格尔说过："凡一切人世间的事物，财富、荣誉、权力甚至快乐痛苦等——皆有其确定的尺度，超过这个尺度就会招致毁灭。"领导者对下级的批评同样如此。领导者应该掌握好批评的分寸，视员工所犯的错误的严重性，来决定对其批评的严厉程度。一旦没有掌握好力道，批评超出了一定的限度，也就是说超出了某个临界点，那么批评就会发生质变，就会走向反面。

3.不要在众人面前指责下属

有的领导喜欢在众人面前斥责下属，是想以此来把责任转移到下属身上，好让上级、客户或其他下属知道，这不是他的错，而是某个下属办事不力。这种想法是非常幼稚的。

（1）你既为该单位的领导，无论如何你总对该单位的人与事负有责任，这是谁也推诿不掉的。一味强调自己的不知情，反而暴露出你的管理不力，或由你所制定的管理体制不健全。更不好的是，还会给人留下自私狭隘的印象。

（2）单位所表现的一切，是全体员工努力的结果。如果上司或外界有何不满，最高负责人应负起这个责任。领导者以底下人员为挡箭牌，逃避责任，作为代罪羔羊的下属很可能因此自暴自弃，以后任何活动、任何工作再也不会热衷了。

在发生问题的时候，如果领导确实不十分知情，该把有关人员找来，把问题问清楚，然后让下属回去继续工作。领导应该负起责任处理问题。等上司或客户走了，有必要纠正、责备时再严格执行。

古时候，有一位侠客，他的下属有近千人。一次，朋友问他："有那么多的子弟仰慕你、跟随你，你是否有什么秘诀呢？"他回答说："我的秘诀是，当我要责备某一位犯错误的弟子时，一定叫他到我的房间里，在没有旁人的场合才提醒他，就是如此。"日本的社会学家岛田一男在援引这个例子后说："无论是辈分较长的人或是上司，都应该有这位侠客的认识才好。

在大庭广众之下被责骂，会让人觉得很没面子，很可能会委靡不振、意志消沉，有的可能对你产生反抗或憎恶的态度。"

设想一下，假若下属因为被你当众责骂而觉得下不了台，抱着横竖都挨责备的心理，一反常态地和你争吵起来，甚至把本单位一些不该为外人知道的东西也抖了出来，当领导的本为保全自己的"面子"，如此一来，岂不是连"面子"都保不住了吗？

"家丑不可外扬"，从经营管理的角度来说，不是完全没有道理的。但要令人做到家丑不外扬，当领导的，首先不要把下属的"丑"外扬才好。

当然，批评的原则、方式、细节等问题，远不止这四条可以说清楚的。领导者在批评下属这个问题上，一定要谨慎对待，原则上少用为好，教育为主，惩罚为辅。

◎ 称赞时也不可"百无禁忌"

领导称赞下属，可以公开地夸赞，也可以私下时鼓励和肯定。但如在众人面前大加夸赞，也可能会给"榜样"带来麻烦和困扰，使称赞产生的效果偏离自己的设想，甚至是背道而驰。

很多领导往往有一种误解，以为在众人面前对职员大加夸赞，职员会心存感激，实则不然。

在众人面前过分称赞某职员，会使很多人不快。被称赞的人会感到不安，其余的人会产生妒忌，你的称赞越多、越重，他们的妒忌会越强烈。如果你的称赞有些言过其实，会使他们鄙夷你，直至怀疑你的称赞是否别有用心。

聪明的职员在被当众称赞时，通常说声表示感激的"谢谢"，就及时离开了，与其说是害羞，倒不如说是不习惯周围人妒忌的目光。

因此，在众人面前称赞他人，必须注意：

（1）是否会令被称赞的人产生不必要的困扰？比如周围人的妒忌等。

（2）称赞是否恰到好处？比如你要考虑称赞得是否实事求是。

领导称赞职员时，应该注意不要在众人面前大加宣扬，不要当众给他造成不安。毕竟，竞争意识是人人都有的，人总是自觉不自觉地和他人进行比较，所谓的优越和自卑也就因为这样的比较而产生。因此，在大庭广众之下称赞某个人，后果是非常严重的，容易激起众人对被称赞对象的妒忌、孤立。

当被称赞的人不在场时，你要有所考虑，照顾一下在场人的颜面和心理感受。如何才能照顾周到呢？这是一件不容易的事。最好的办法，与其给自己找不必要的损失，倒不如不进行这样的称赞。只要你做到心里有数，对于当场者给以适当的慰勉，未尝不是件令人高兴的事。作为领导，应该避免对不在场的人进行称赞，尤其不能将在场者同不在场者进行比较，褒扬不在场者，直接或间接地指出在场者的不足。

领导者只有以真诚的态度去称赞下属，才能唤起下属的真挚感、亲切感、温暖感、信任感和友谊感，愉快地接受称赞。因此，称赞下属时，领导者对下属的成绩和优点，应从内心感到由衷的高兴，满腔热情地表示称赞，并热切地希望他能够把这些成绩优点发扬光大。只有称赞者在感情上很热，被称赞者才会受到感染，心里也才热得起来。

如果称赞者只是讲些"年轻有为""前途无量""干得不错"之类的公式化语言，就很难达到激励的效果。人们希望得到称赞，但这些称赞应当货真价实。

第六章　提升战斗力的 9 个团队建设细节

　　古语云："和则一，一则多力，多力则强。"随着社会分工越来越细化，个人单打独斗的时代已经结束，团队合作提到了管理的前台。要想取得今后的成功，在未来的竞争中立于不败之地，就应充分运用人力资源，特别是要尽力使团队的协调默契形成强大的团队合力。

◎ 建立和强化团结协作精神

大家都知道：一个和尚挑水吃，两个和尚抬水喝，三个和尚没水喝这个小故事。这个小故事揭示了一个大道理，那就是讲求团结协作精神。因为"三个和尚"之所以"没水喝"，是因为他们相互推诿、不讲求协作精神。只有依靠团队的力量，把个人的理想和团队的愿景结合起来，发挥集体的协作的作用，才能产生1+1>2的效果。

当今社会，企业发展规模在不断扩大，分工也越来越细，专业技术要求越来越严格。企业中的每名员工的工作是相对独立的，有和全局的发展密切关联。如果一个人只顾自己，不顾他人，不愿意和他人合作，那么必然会影响到团队的战斗力。管理者一定让员工明确认识到：要善于合作，与其他团队成员协作共事，把自己的才能和众人的力量结合起来，自己才能得到成长和发展。一旦每个员工都能树立这样的团队意识，并在自己的工作中贯彻执行，那么团队也将因此得到顺利的发展。团结协作的作用非常重要。那么，该怎样做到团结协作呢？

1.要营造良好的人际关系，建立和谐氛围

如果我们能在工作中和同事、领导形成相互信赖的和谐关系，就有利于形成相互尊重，友好互助的工作氛围和环境，这能极大地激发我们的工作热情，更有利于我们在工作中最大限度地发挥聪明才智。各个部门之间也要建立友好的关系，相互协调配合，多交流，多沟通，相互协作，共同进步，这样才能团结一致，共同把工作做好。反之，如果公司如同一盘散沙，勾心斗角，互不相让，就会给公司造成严重的内耗，也不利于员工个人的发展。

2.营造你追我赶、力争上游的工作氛围

工作中，团队成员之间有一定的竞争压力是正常，这样才能充分调动员工的积极性，促使员工更加认真努力地工作，这也是保持团队锐气的必要条件。但是，这不是指恶意竞争，不是相互倾轧，而是良性的积极的竞争。员工在目标一致的前提下团结起来，力争做出一流的成绩，营造你追我赶，力争上游的工作氛围。水不再流动就成了一潭死水失去了活力，没有春风的大地就缺少了生机。我们提倡团队的协作精神和互补精神，在目标一致的前提下，大家团结起来，心往一处想，劲往一处使，共创一流。

良性的竞争是个很微妙的概念，运用稍有疏忽，就可能会被他人误认为是恶意竞争。所以，团队成员之间要有足够的信任做基础。信赖周围的人，同时要懂得谦虚和宽容，多主动帮助他人，有竞争也有帮助，这才是正当、积极的竞争。这样的竞争能增强团队的凝聚力，有助于团队更好地团结在一起，共同协作，把工作做得更好。

3.要多积极参加集体活动，增强团队协作精神

多参加集体活动，可以帮助我们增强团结的协作意识，培养默契。这样，当我们为了一个共同的目标努力的时候，就能不由自主地想到一块去，有助于团队高效地完成任务。当团队遇到困难的时候，团队成员之间就能相互理解，相互鼓励和帮助，团队成员能感受到来自团队的温暖和巨大力量，就有利于提高团队的凝聚力。

每名员工就像是大海中的一滴水，只有融于企业这个大海中才能获得生存和发展。因为，在团队中我们可以学习他人的长处，不断提高和完善自己，只有这样，我们才能成为一个受团队欢迎的好员工，同样也能在团队不断发展的同时成就自己的事业和梦想。

4.要在集体主义原则下确立"三个意识"

一是整体意识。在团队这个集体里，团队的各个组成部分，都是团队的一分子，都是不可分割的一部分。任何一个组成部分都要以团队的大局为重。只要团队成员整体意识强，就能保证他们团结一致，形成合力，发挥强大的作用；反之，如果团队成员缺乏整体意识，不顾大局，各行其是。那么团队的力量就会被一点点分散、抵消，不断削弱。二是敬业意识。在一个团队里，每个人都在自己的岗位上辛勤工作，只有分工不同，没有贵贱之分，所以，要自觉爱岗敬业，分工不分家，用认真负责的态度完成本职工作，并且主动帮助其他同事，这样才能协调一致，共同把团队建设得更好。三是宽容意识。团队中的每名成员都有自己

的特点，个性差异、生活习惯、工作习惯不同，是不可避免的。要营造和谐的团队氛围，就要求团队成员之间相互尊重，相互理解，多些宽容，少些苛刻。实现利益和成就共享、责任共担，促进每个人全面发展。

5.团队领导干部要起到模范带头作用

一个团队的管理者是最有影响力的，一个领导是否具有团队协作精神，是否践行团队协作精神，对团队协作精神的发扬起着重要的作用。所以，作为团队领导一定要从自身做起，从小事上做起，时刻发扬团结协作精神。

6.建立相应的奖惩制度

领导要给那些能团结大家，在和团队成员共同协作中做出突出贡献的人给予一定的奖励，以鼓励大家团结协作，共同进步。

团结协作符合团队成员的根本利益，只要把团结协作当成自己的一份责任，在工作中、生活中，多一分团结、多一点贡献、多一份爱心，人和人之间勤沟通，相互关心、帮助。从我做起、从身边点滴事情做起，团结一致、奋力拼搏，团队成员一定会因为团结协作而得到更多的快乐和更大的成功。

◎　团队需要八种角色

一个思维正常的人是不会把11个足球运动员放到一个板球队里，或者试图用11个拳击手组建一个足球队，道理显而易见。但一些企业仍固执地认为一支由优秀人员组成的团队一定能战无不胜。其实，一个团队不仅需要拥有完成任务所需要的不同技能和技巧，还需有一系列不同的性格或者具有不同特殊喜好的人。

英国学者贝宾列出了一个流传很广的清单，其中列举了一个优秀团队所必须具有的八种人才：

（1）总裁：与其说他们是专家型或者是具有创造性的人，不如说是纪律严明、轻重分明和能力均衡的人。其职责是挑选人才，凝聚和协调员工之间的关系。

（2）造型师：特征是项目领导，性格外向，能有力地推动任务的进展。他的力量来源于个人动机和对任务的激情。

（3）生产者：是原创思想和建议的源头，团队中最富于创造性和最聪明的成员，但可能不注重细节问题。他们需要激励和引导，其才能才会发挥到极致。

（4）监测评估者：负责检查工作并指出论证中缺陷之处的人。他们擅长分析甚于创造。

（5）资源调查者：让团队与周围世界保持联系的联络人。他们性格趋于外向，有魅力。

（6）企业工作人员：把思想具体转化为行动时间表的实践组织者和管理者。

（7）团队工作人员：受人喜欢和欢迎，通过鼓励、理解和支持来让每个人保持前进。

（8）猎手：如果没有他的话，团队可能永远都不会按时完成任务。他对任务的严格跟踪是很重要的，但不总受人欢迎。

　　换句话说，选择技术型人才是重要的，但要保证他们中间有人能担任其他重要的职责。团队是由个体聚集在一起组成的一个集合，在执行任务或者解决问题时需要用到他们的才能。团队赢了，则团队中的每个人都赢。如果团队输了，则每个人都输。

　　每个成员必须先对团队整体保持忠诚。如果把这些个体都看成是各方面的代表，他们的忠诚就会分散，他们的承诺就会混淆，他们的职责就会不确定。团队会议会倾向于非正式的聚会，而不是严密安排的会议。他们有领导，但没有老板，成员间直呼其名，而不是称呼其职务。

　　团队就像人一样，你可以看着他们形成，创造出属于自己的形象标志，找到每个成员的定位和他们所能担当的职责。对很多团队来说，青春期之后，是动荡的时期，团队成员开始对最初的组织形式提出挑战。动荡之后是规范期，这个时期团队开始在新的团队结构中稳定下来，总裁、造型师和其他人员开始发挥作用。最后，团队走向真正的成熟，并开始能真正担当重任。

　　这些成长阶段——形成、动荡、规范——是任何一个团队生命历程中不可缺少的过程。忽略这些过程常常导致团队过早地夭折，团队建议不得不重新从头开始。

　　没有一个像在临时家庭中一样一起成长的机会，团队就不会形成一个互相信任的氛围。在这种氛围中，大家各司其职，而且任何人都会尽忠职守。

　　所以，工作的绝佳环境就是处于一个好的团队中——让人兴奋、富于刺激、充满支持和成功。

◎ 用梦想激发员工的动力

有一年夏天，曹操率领部队攻打张绣，天气出奇的热，天上一丝云彩也没有，火辣辣的太阳炙烤着行军士兵。此时，部队正行走在弯弯曲曲的山道上，两边密密的树林和被阳光晒得滚烫的山石，让人都透不过气来。到了中午时分，士兵的衣服都湿透了，行军的速度也来越慢了，有几个体弱的士兵甚至都晕倒在了路边。

曹操发现行军速度越来越慢，心里担忧贻误战机，非常着急。可是，眼下几万人马连水都喝不上，又怎么能加快速度呢？他立刻叫来向导，悄悄问他："这附近有没有水源？"向导摇摇头说："泉水在山谷的那一边，要绕道过去还需要很远的路程。"曹操想了一下说，"不行，时间来不及了。"他看了看前边的树林，沉思了一会儿，便对向导说："你什么也别说，我来想个办法。"他知道此时即便下命令要求部队加快速度也没有什么效果。他脑筋一转，便夹住马肚子，快速赶到队伍前面，用马鞭指着前方说："士兵们，我知道前面有一大片梅林，那里的梅子又大又好吃，我们快点赶路，绕过这个山丘就到梅林了！"士兵们一听，仿佛已经看到了一大片梅林，梅树上长着红红大大的梅子，他们好像都尝到了梅子的酸甜，嘴里都流口水了，这时，他们精神大振，步伐不由得加快了许多。

后来，将士们虽然发现了并没有什么梅林。但是，他们在这一念头的鼓舞下，他们终于来到了有水的地方。将士们都十分高兴地喝了个痛快。

这就是望梅止渴的故事，曹操巧妙的设了一计，使战士们都有了信心，内心充满了希望，因而能发挥超长的忍耐力，最终摆脱了困境。同样，作为一个团队，如果没有一个共同美好的愿望支持着队员，队员就失去了前进的动力，就可能不能完成任务。所以，团队成员心中都有一个美好的愿望非常重要。

我们这里谈到的共同的美好愿望可以概括称为愿景。愿景是人们永远为之奋斗希望达到的图景，它是一种意愿的表达，愿景概括了未来目标、使命和核心价值，是哲学中最核心的内容，是最终希望实现的图景。作为一个企业的愿景就是企业的梦想。当亨利福特在一百年前提他的愿景是"使每一个人都拥有一辆汽车时"，人们都认为他是神经病，但从现在美国社会情况来看，他的梦想已经完全的实现了。

愿景的力量就在于它是处于可实现而又不可实现的模糊状态，它既是宏伟的又是能够激动人心的。它能使人热血沸腾，甚至热泪盈眶，能使人充满热情，心中涌动一股冲动，如果这种愿景能够顺利地灌输到员工的身上，那么所有员工为了共同的愿景努力的激情，将是多么大的力量啊。愿景的哲学智慧就在于它会激发人群无限潜能的力量去实现其人生哲学与企业哲学的终极发挥很多成功的企业都有自己的愿景。下面是中外一些著名公司为员工设定的愿景：

苹果公司——让每人拥有一台计算机；

腾讯——成为最受尊敬的互联网企业；

华为公司——丰富人们的沟通和生活；

迪斯尼公司——成为全球的超级娱乐公司；

戴尔计算机公司——在市场份额、股东回报和客户满意度三个方面成为世界领先的基于开放标准的计算机公司；

通用公司——通用电气永远做世界第一；

沃尔玛公司——给普通百姓提供机会，使他们能买到与富人一样的东西。

正是这些企业创造出让广大员工认同的共同愿景，才激发了员工们强大的动力。共同的愿景，不仅是对未来的美好描述，而且是组织团队为着一个共同目标努力奋斗的精神力量。使他们充分发挥自己的才能，为实现愿景而努力。当然愿景越具体，越能让员工感同身受，越能起到激发作用，越能唤起团队的积极性。

曾获得美国"年度创业家"的企业家奇普·康利（Chip Conley）就曾指出，成功的创业家能够把复杂愿景，化成简单的概念，让所有人相信势在必行。那么怎样做，才能使企业的愿景和员工产生共鸣呢？他曾提出这三种方法：

1.简单的图像或符号

有时候，一个简单的视觉图像、符号，就可以清楚地诠释愿景的内涵，并且做为愿景的象征。这个图像或符号的概念可能源于组织的历史事件，或是象征产品特色。

例如，日本一个有名宅急送公司的标志是一个大猫叼着一个小猫，它的意思是为客户运送货物，就要像大猫叼着小猫那样小心翼翼。

2.讲故事的方法

一个令人印象深刻的故事，也能够非常有效地传达愿景的内涵，还可以营造并维系企业的文化。

比如说，沃尔玛的创办人山姆·沃尔顿，每周六上午都会通过卫星跟全球各地的沃尔玛门市召开视频会议。他常常在会议上告诉与会者一些成功的故事，通过这些故事，不仅传达了沃尔玛的目标，也增强了员工们的向心力。

3.让人振奋的标语

大数人都喜欢简洁扼要的沟通方式，所以管理者可以想办法找到一句话或一个词，包装自己的愿景，并时常向他人说这个标语，以便表达愿景的重要性。

例如，杰克·威尔许出任奇异公司执行长时，他提出："在奇异涉足的每一个产业里，都必须做到不是第一就是第二。"在接下来的20年时间里，奇异公司上下始终贯彻执行威尔许这段话，结果使奇异公司更为壮大，获得了更高的利润。

员工在追求远景的过程中会自然而然地产生强大的勇气和坚强的意志，为了实现目标则会不惜一切代价，勇往直前。愿景的作用是巨大的，它使每个员工都像战士那样周身充满战斗力。

◎ 荣誉是团队的灵魂

在藏獒家族里，当一个团队取得了一次胜利以后，它们就会一起号叫，这声声的号叫就是取得胜利时的表现，它们以此表现心中的喜悦，也是每一个团队成员中感到自豪的由衷之鸣。

如果一个团队没有荣誉感，那这个团队就是一个没有希望的团队。一个没有荣誉感的员工不会成为一名优秀员工，在西点的《荣誉准则》："每个学员绝不说谎、欺骗或者偷窃，也绝不容许其他人这样做。"荣誉教育在西点的教育中，始终处于最优先的地位。西点把荣誉看得至高无上。在西点的教育中，要求每一位学员一定要熟记所有的军阶、徽章、肩章、奖章的样式和区别，记住它们所代表的意义和奖励，同时还一定要记住皮革等军用物资的定义、西点会议厅有多少盏灯，甚至校园蓄水池的蓄水量有多少升等诸如此类的内容。这样的训练和要求，会在无形中培养学员的荣誉感。这值得一个企业借鉴，因为一个优秀的员工必须要对自己的工作、对自己所效力的企业有一个全面清楚的了解。

对军人而言，他们把荣誉视为生命，任何有损军人荣誉的语言和行为都应该绝对禁止。同样，一个员工如果对自己的工作有足够的荣誉感，对自己的工作引以为荣，对自己的公司引以为荣，他一定会焕发出无比的工作热情。每一个企业都应该对自己的员工进行荣誉感的教育，每一个员工都应该唤起对自己的岗位和公司的荣誉感。可以这样说，荣誉感就是一个团队的灵魂。

一个员工如果没有荣誉感，即便是有千万种规章制度或要求，他也不可能会把自己的工作做到完美，他或许会对某些要求不理解，或者他认为这些都是多余而觉得厌倦、麻烦。

　　费拉尔·凯普曾在希尔顿饭店有过一段美好的经历。他在早上起床时，一打开门，走廊尽头站着的漂亮的服务员就走过来说："早上好，凯普先生。"问他早上好这是非常正常的，知道他叫凯普其实也是不难的。于是，费拉尔·凯普马上问她："你怎么知道我叫凯普？""先生，昨天晚上你们在睡觉时，我们要记住每个房间客人的名字。"

　　后来费拉尔·凯普先生从四楼坐电梯下去，到了一楼，电梯门一开，有一个服务员站在那里，向他问好："早上好，凯普先生！"费拉尔·凯普感到心里纳闷：他怎么知道我叫凯普，怎么可能？"先生，上面有电话下来，说您下来进餐了。"之后，费拉尔·凯普就去吃早餐，吃早餐的时候送来了一个点心。于是，费拉尔·凯普就问："这中间红的是什么？"服务员看了一眼，后退一步说，那是什么什么，旁边那个黑黑的是什么。她又看了一眼，后退一步说，那只是什么什么。她为什么后退一步？因为为了避免她的唾沫碰到费拉尔·凯普的菜。

　　可能大家都有过这样的经历，只是觉得很正常而忽略过去了。但费拉尔·凯普却觉得这些看起来是一件很小的事，却体现出很深刻的道理。那个服务员如果没有一种以希尔顿饭店为荣的荣誉感，那她还能表现得这样尽职尽责吗？成绩可以创造荣誉，荣誉可以让一个人获得更大的成绩。一个没有荣誉感的员工，就不可能会成为一个积极进取的员工。一个人如果不能认识到荣誉的重要性，那他就不能认识到荣誉对他自己、对他的工作、对他的公司意味着什么，那这个公司又怎么能指望这样的员工去争取荣誉、创造荣誉呢?

集体荣誉感这样重要,因此很多单位已经充分意识到这一点了。而荣誉感应该来自对单位或部门的归属感,由此及彼,环环相扣。有集体荣誉感的人是可信用的,因为他在工作上好像有用不完的精力。因此,工作已成为一种我们的需要,而且是精神和物质的双重需要。

想要激起团队成员的荣誉感,华为集团董事长任正非对员工的演讲很值得管理者借鉴。他说:"公司所有员工是否考虑过,如果有一天,公司销售额下滑、利润下滑,甚至破产,我们怎么办?我们公司的太平时间太长了,在和平时期升的官太多了,这也许就是我们的灾难,泰坦尼克号也是在一片欢呼声中出的海,而且我相信,这一天一定会到来。面对这样的未来,我们怎样来处理,我们是不是思考过。"这篇长达一万多字的演讲文稿,不要说华为员工会感到震撼,我们局外人看了也很受感动,他没有向人们展示企业美好的前景,而是用忧患唤起了人们的使命感,这比大话、空话型的演讲不知要好多少。

为荣誉而工作,就是要所有人全力以赴,满腔热情地做事,最完美地履行自己的职责,给同事以帮助,给上司以支持,从而更好地展示自己的才华,展示自己迷人的工作形象。工作的目的绝不单单是为了每月有一份不错的薪水,或者是为了有一份可以谋生的职业,还要追求一种认同感、归宿感和成就感。而这一切都建立在荣誉感的基础之上,只有这种荣誉,才能让人们全力以赴地对工作,才能让人们自觉地远离任何借口,远离一切有损于团队和工作的行为。在争取荣誉、创造荣誉、捍卫荣誉、保持荣誉的过程中，个人也会在不知不觉中融入集体之中，因此获得更好的发展。

◎ 尊重每一位成员

在美国，有一个非常有名的富商在大街上散步，一天，他遇到了一个瘦弱的摆地摊卖旧书的年轻人，他缩着身子在寒风中啃着发霉的面包。富商怜悯地把8美元塞给了那个年轻人，头也不回地走开了。没走多远，富商忽然又返回去，从那个年轻人的地摊上捡了两本旧书，并且说："对不起，我忘了取书。其实，您和我一样也是商人！"两年以后，富商应邀参加一个慈善募捐会，在那里，一位年轻的书商紧握着他的手，感激地说："我一直认为我这一生只能是个摆地摊的乞丐了，直到两年前的那天，你亲口告诉我，我也和你一样都是商人，这才使我树立了自尊和自信，才使我有了今天的辉煌业绩……"

正是因为富商没有把他视为乞丐，而是平等地看待这个年轻人，使年轻人找回了自尊，使他的人生发生了巨变，这就是尊重的强大力量。

尊重指敬重，重视。每个人的内心都渴望得到他人的尊重，但只有首先尊重他人才能获得他人的尊重。尊重他人是一种高尚的美德，是一个人内在修养的外在体现。尊重他人是一个人良好思想修养的表现，是一种文明的社交方式，是顺利开展工作、建立良好的社交关系的基石。

作为一个管理团队的管理者，首先要尊重团队成员，能够真诚地对待团队中的每一个人。如果你能够真诚而不虚伪地对待每一个人，尊重他们思想，尊重他们的感受，并给与真诚的回报。那么，他们也会真诚地对待你和身边的同事，久而久之，就会形成一种真诚、团结的文化氛围。

摩托罗拉公司的创始人高尔文有一句名言："对每一个人都要保持不变的尊重。"在这一信念的指导下，高尔文在刚刚创办公司的时候，就形成了一整套以尊重人为宗旨的企业制度和工作作风，并且将这一思想渗透到企业文化的各个层面。这个信念有以下几层含义：尊重每名员工的价值和个人自由；给予员工最大的信任；尽量满足员工的要求；创造和谐、团结、乐观、向上的工作氛围。为了体现对员工的尊重，创造和谐的企业氛围，摩托罗拉公司规定：公司一级及下属各层管理者的办公室要始终保持敞开状态，意在表明：第一，管理者和一般员工是平等的，始终保持交流，允许员工随时进入管理者的办公室提出自己的意见或发泄不满；第二，管理者也要和员工一样，在班上时间只有全力以赴进行工作的权力，不能在公司内处理私人事情。

通用电气用"情感管理"，可以称得上是尊重员工的典范。通用公司的最高首脑和全体员工每年至少举办一次生动活泼的"自由讨论"，公司从上到下直呼其名，无级别上下之分，互相敬重，彼此信赖，关系融洽、亲切。曾经在通用曾经发生过这样一个故事：1980年1月的一天，旧金山一家医院的隔离病房外面，一位老人和护士软磨硬泡地要探望一名住院的女士，但护士严守制度不让探视。这位老人就是被誉为"世界最佳经营家"的通用总裁斯通先生，他探望的只是公司一位普通销售员哈桑的妻子。这件事不仅让后来知道的哈桑感激不已，还成了管理教科书中的典型案例。

做领导不容易，做员工也不容易，作为领导人首先要思考，要努力，不仅要有过硬的业务水平，还要有勇于创新的能力，不仅要懂得智力投资，还要懂得感情投资，领导能从自身做起，从细微处做起。尊重员工的劳动成果，尊重员工的思想，那么企业的氛围才会和谐融洽，才有利于企业的发展。

企业不仅要尊重员工的人格和劳动，也要尊重员工的意见。李嘉诚曾说："领导全心协力投入热诚，是企业最大的鼓动力。与员工互动沟通、对同事尊重，方可建立团队精神。人才难求，对具备创意、胆识及谨慎态度的同事，应给予良好的报酬，并向其展示明确的前途。"

作为管理者自己不仅要有一定的业务水平，还要懂得尊重知识，尊重人才。因为，作为领导的才能可能什么都懂一点，但是不可能什么都精通，一个公司的大小各种事务不可能都能做到正确的判断和恰当的处理，所以，作为领导对一些专业性强的工作，也要谦虚请教一下下边的员工，虽然他们不是通才，可一定是专才。做领导最忌讳不懂装懂，胡乱指挥，搞得下属无所适从。不要嫉贤妒能，看到自己的手下员工比自己有能力，就想办法打压、阻止，使有才能的人不能充分发挥自己的能力。其实，打压有才能的人不会对企业的发展有任何好处的。汉高祖没有韩信带兵打仗，战无不胜的能力、也不及张良有智谋，能出奇谋妙策、治理国家上比不上萧何。但是他之所以能成为一代帝王，却是因为，他有宽广的心胸，能把有才能的人招拢过来，为他所用。虚心听取他们的意见，才有成就了他帝王大业。所以，作为管理者也应该有宽广的心胸，尊重人才，尊重知识，让每个有才能的人发挥他们的才能，而自己也要不断学习，学会管理人才的方法。这样才能保证企业不断创新，充满活力。否则，员工没有一个有才能的，那么他们也创造不出多大的成绩，而一个人的才智毕竟有限，这样的企业只能是固步自封，的得不到长久的发展。

同样，作为企业团队中的员工和员工之间，也要相互尊重，互帮互助，这样才有利于整个团队的发展。

◎ 减少团队内的对抗行为

为什么聪明的员工一旦加入团队后，其行为却经常不能服务于企业的最高利益？为什么以团队为基础制定的决策成果有时会变成效率低下、导致决策错误的"集体思想"？如果这种不幸发生在你的团队中，作为团队领导，你要怎样才能扭转这种不利局面？

　　与各种群体一样，团队成员之间需要不断进行互动和交流，这对他们创造业绩的能力的发挥有着极大的影响。其中有些互动交流会提高团队的效率，有些则成为团队发展的阻碍。顽固的低效率行为大多是因为人们的错误的思维方式在作祟。

　　有三种类型的因素会对团队的业绩产生影响。这些因素连同它们互动的方式共同形成团队的架构。

　　面对面的架构涉及那些在办公室中运作，可以直接感受到并且显而易见的因素。其中包括该团队必须完成的任务、团队的组织方式及完成工作所必需的互动交流。

　　社会架构是涉及团队更为广泛的企业组织、商业和环境因素。它包括激励系统、权力结构、文化因素、顾客需求及竞争压力。

　　个体架构是指每个人带到办公室的观念、情感及更为深层的信仰。

　　团队结构的这些因素密切联系，如果团队结构的每种因素一旦完全被看做团队系统的一部分时，就有可能成为迅速提高团队效率的杠杆。

　　当我们剖析复杂的互动交流时，通过细致观察就会发现，团队成员表现出如下四种行为方式：发起者发起一连串行动；追随者支持发起者；反对者反对发起者；旁观者在一旁观察并发表推动发展的评论。

　　对团队中这四种行为方式的研究，有助于认清和转变团队行为。

　　在一个高效团队中，每种行为方式的作用都很重要。高效团队使这四种行为方式皆各得其所，即能够使这四种行为方式成功地发挥各自的作用：发起者提供方向；追随者实施完成；反对者进行纠正；旁观者提出全面看法。

缺乏效率的团队不具备使这四种行为均衡发挥作用的能力。在低效团队中，不能发挥作用的行为方式可能不止一种，也就是说，该团队组织阻碍这些行为发挥作用。

上述四种行为不断重复出现的模式，我们称之为基本行为模式。下面是三种较常见的基本行为模式。

1.对抗型

在这种类型的团队中，有人发起提议，接着有人加以反对。团队协作变成双方对抗，各持己见，互不相让，跟随者和旁观者不存在，或者难以提供新的建议，或者不能消除分歧。团队因而达不成解决方案，出现问题。

如果你领导的是对抗型团队，你可以扮演旁观者的角色，对双方的观点不予置评，只是向大家提醒团队所处的状态及其影响。你可以进一步帮助团队将这种对抗变成一个学习的机会："让我们看看从对立的意见中可以学到些什么，然后再看一看有没有达成妥协的可能。"或者你可以鼓动沉默的旁观者："我相信大家都参与能使我们的讨论取得进展。我很想听听更多人的意见，你们觉得呢？"

建立具体的基本规则可以缓和对抗行为，不过，如果提不出改进方法或更好的建议，最好不要反对别人的意见。

2.礼貌服从

在这种模式中，某人提出建议，其他人出于责任才去服从。

讨论所表现出来的特点是平和、理智，没有丝毫的火药味。团队成员可能会礼貌地支持讨论的结果，但不一定真正认同。他们不但对决策的质量，而且对大家能否积极支持决策和完全实施的能力心存疑虑。

如果你是礼貌服从式团队的正式管理者，就应本着弄清问题的态度来开始对话，而不是一开始就下结论，或限定一个狭窄的讨论框架。要反映出团队目前的状况及其对团队绩效的潜在影响，并询问团队对此的看法："不要囿于给定的观念，我们应该更广泛地讨论问题。你们看呢？"

3.隐形反对

这种模式与礼貌服从模式在表现上相似，实际上是隐藏着的真正反对。在这一模式中，有人提议后，表面上大家都同意。然而，在公开的服从之下，大家实际上对提议持怀疑态度。因此，团队成员之间并没有真正达成共识，如果有好的结果也只是运气好。

当你注意到隐形反对现象时，应从旁观察并帮助团队认清这种隐形反对的结构及其对团队绩效的影响。"会上每个人都赞同采取下列步骤，但会后却毫无进展。你们对此是否也有同感？你们说这是怎么回事？"

制定鼓励反对者畅所欲言的基本规则。当团队遇到阻碍时，提醒团队成员遵守基本原则："请不要忘了我们的约定，对每个重大决定，我们都要探索出不止一种的完全不同的解决方法。谁能再提出一个？"

对以上的基本行为模式及所建议的相应管理方法，我们只是进行了简单的介绍而已，没有提供详细的指导。一个具体的团队情景可能类似于上述某个基本模式，却永远不会相同。一旦你掌握了上述三种行为的特点，并懂得团队行为如何反映团队结构的其他方面，你就能找出你的团队所特有的模式。此外，你可以学会观察人们的基本思维方式和企业组织中的各种因素是如何强化这些行为的。

要允许、鼓励提出不同意见，帮助团队将提出反对意见作为一种学习的机会，使反对意见成为团队创造力的一个来源。最后，如果你真要发动一场持续的变革，那么至少要在团队结构的三个层面上作出相应的调整。比如，减少无效的对抗行为，集思广益创造双赢的解决方案，对团队成员工作计划中的目标进行调整，激励团队成员朝着一致的方向努力，并对他们进行相应的奖励。

◎ 培养员工服从的习惯

服从是事业的根基。学会服从，才能找到自己的正确道路，学会服从，才能保证我们在正确的道路上顺利前进。在团队中，这种服从精神的建立，不单是员工自己的事情，也是企业与员工共同用汗水浇灌出来的硕果。企业和员工有着密切的生共存，双赢互利关系。优秀的人才总是向往优秀的企业，而优秀的企业也在不停地寻找服从且忠诚、德才兼备的一流人才。服从和忠诚不能代替能力，但没有服从和忠诚，能力就无从发挥，作用也无从谈起。

服从就是一种美德。企业作为一个组织性和纪律性非常严格的集体，下级要服从上级，个人要服从组织，局部要服从全局，这样才能保证企业的生产。每位员工，每个基层都应该具备这种服从精神，这不仅是对自己负责，也是对企业负责。真正具有服从意识的人，把服从看成是自己的天职，在接到任务后，能主动挖掘自身潜能，力求把工作做到最好，即使感觉接到的任务还不具备成功的条件，也会千方百计地克服困难，为最后的成功创造条件。如果不能完成任务，也决不会找借口推脱责任，具有承担责任的勇气。

而服从意识淡薄的员工，喜欢钻各项规章制度的空子，在领导或者组织分配任务后，总是找出各种理由，要么拖着做，要么不去做，他们常常会找到例如："路上塞车了或车子坏了""别人也做得不行""我没有那么多时间""人手不够""我已经尽力了"等等的借口来搪塞。这样，不仅破坏了企业的正常运转，还会给企业带来不必要的损失。因此，员工是否具有服从意识，直接影响企业的执行力。

中国电子信息百强企业之首、世界第四大白色家电制造商海尔集团，已相继进入家电、厨卫、医药、通讯、电子、电脑等十多个行业和领域，成为中国企业界真正的航母，它的品牌早已经从家电品牌走向泛化品牌，从产品品牌转向了品牌产品。那么，海尔维持如此庞大的企业高效运转的极力是什么呢？那就是海尔能形成一种程序优化能力，使企业具有强大的执行力，使其足以支撑起海尔在各个竞争市场上获得足够的先机。

一切行动听指挥。正是超强的执行力，使海尔的高层决策能够迅速而毫不走样地贯彻落实到基层，落实到生产销售的每个环节，落实到每个员工的工作之中。有效的执行需要以绝对服从为基础，没有服从就没有行动的方向，就没有工作的落脚点，就没有执行的高效，那么执行力，就是有名无实，成为一纸空谈。

所以，对人的管理，一直是海尔企业文化建设的重中之重。集体事业感的培养，服从意识的建立，忠诚品质的修养，一切行动听指挥，绝对服从，积极主动、心悦诚服地服从，已成为海尔文化的核心和高效执行力的有力保障。

每个去过海尔文化中心的人，都会看到一张发黄的稿纸，上面列着13条企业的规章制度。这是张瑞敏上任海尔后，颁布的第一个管理规章。其中，甚至还写着"不许在车间随意大小便"这样低的要求，但在张瑞敏刚刚上任时，的确存在这个问题。张瑞敏刚刚接受海尔厂时，那个厂是个快倒闭的工厂，员工没有素质，经常和领导对抗，在前几任了领导中，就有的是被员工赶出去的。张瑞敏在刚刚上任时，从朋友那里借来几万块钱，为每位员工发了一个月的工资，解决了员工生活的燃眉之急，使员工们深受感动。于是员工们开始相信这个带头人，因为他能够为他们着想，有能力，办实事，让他们仿佛看到了希望的曙光。

解决了员工的生活问题，稳定住他们的情绪后，张瑞敏又根据自己独特的思维和经营理念，结合当时社会发展形势、企业的状况，和员工们希望企业走出困境、谋求发展的迫切心理，及时制定规章制度，开始严格按照规章制度管理工厂。第一个规章制度就是上面提到的13条。在实施这些制度的时候，张瑞敏并没有采取强硬措施。且因为这13条，都紧紧扣住员工的道德底线的最起码的常识要求，并不是高不可攀，所以一经推出，就让员工感到确实不应该违背，否则从道德和良心上都说不过去，这就使制度的有效地实施打下了坚实的基础，当有人违反制度时，他不急着惩罚，而是召集大家进行讨论，让每个员工深刻认识到违反制度的危害性，从而使员工在内心深处认真反省，并养成了自觉遵守的好习惯。紧接着张瑞敏又制定更加严格的制度，引导员工养成遵守制度的良好习惯。就这样，一步一步以理念为依据制定制度，以制度的执行推动理念的养成，使得海尔制度建设越来越完善，越来越严格，整个团队思想越来越统一，行动越来越迅捷和一致，形成了今天海尔强大的执行力。

从海尔成功的脚步里可以看出，只有绝对服从才能使企业的规章制度有效地执行，只有严格的制度和严明的纪律才能保证服从习惯顺利养成。企业或团队要想生存和发展，必须有严明的纪律作为保障。

当然这种服从不是盲从，虽然它们仅有一字之差，但实际意义却大相径庭。服从是无条件地执行，不找任何借口，迅速认真地根据上级指令完成任务。盲从是对上级的指示、决定，还没有充分理解其意图的情况下一味附和、一概听从、一律执行的盲目行为。服从需要人去辩证思考问题、分析事情、处事有主见。

对领导的能力、水平、人格可以认同和赞赏，但不能迷信、崇拜和不分是非。尊重领导，要学会思考，并认真执行其正确意见和主张。领导也是人，他也会有说话不准确、不全面或不正确的时候。如果发现领导出错，下级就要冷静思考，权衡利弊。尤其是在原则性问题上发现问题，绝不能不明是非地一味顺从，否则，出来问题只会给领导带来更大的负面影响。遇到问题一定要及时向领导坦诚地提出自己的看法和建议。

◎ 堵住"破窗"，别伤了先进者

美国斯坦福大学心理学家詹巴斗曾做了这样一个试验：他把两辆一模一样的汽车分别停在比较杂乱的街区和中产阶级社区，并把停在杂乱街区的那辆车车牌摘掉、顶棚打开。结果，一天之内那辆车就被人偷走了，而摆在中产阶级社区的那辆车过了一周仍完好无损。后来，他用锤子把这辆好车的玻璃敲了个大洞，不料，没过几个小时，它就不见了……

詹巴斗的试验告诉我们：环境具有强烈的暗示性和诱导性，不要轻易去打破任何一扇窗户，一旦一个缺口被打开，即使看上去微不足道，如果不及时制止，其恶劣影响就会滋生、蔓延，这就是所谓的破窗效应。

破窗效应在企业管理中具有重要的借鉴意义。对待企业中随时可能发生的一些"小奸小恶"的态度，特别是对于触犯企业核心价值观念的一些"小奸小恶"的处理，是非常必要的。

美国有一家以极少炒员工著称的公司。一天，资深熟手车工杰瑞为了赶在中午休息之前完成2/3的零件，在切割台上工作了一会儿之后，就把切割刀前的防护挡板卸下来放在一旁，没有防护挡板收取加工零件会更方便快捷一点。大约过了一个多小时，杰瑞的举动被无意间走进车间巡视的主管逮了个正着。主管大发雷霆，除了目视着杰瑞立即将防护板装上之外，又站在那里控制不住地大声训斥了半天，并声称要作废杰瑞一整天的工作量。到此，杰瑞以为结束了，没想到，第二天一上班，便有人通知杰瑞去见老板。在那间杰瑞受过好多次鼓励和表彰的总裁室里，杰瑞听到了要将他辞退的处罚通知。总裁说："身为老员工，你应该比任何人都明白安全对于公司意味着什么。你今天少完成几个零件，少实现利润，公司可以换个人换个时间把它们补回来，可你一旦发生事故失去健康乃至生命，那是公司永远都补偿不起的……"

离开公司那天，杰瑞流泪了，工作了几年时间，杰瑞有过风光，也有过不尽如人意的地方，但公司从没有人对他说不行。可这一次不同，杰瑞知道，他这次碰到的是公司灵魂的东西。

此外，"破窗理论"还有一种比较直观的体现。在日本，有一种称作"红牌作战"的质量管理活动：

（1）清理。清楚区分要与不要的东西，找出需要改善的事物。

（2）整顿。将不要的东西贴上"红牌"。"红牌作战"的目的是，借助这一活动，让工作场所得以整齐清洁，塑造舒爽的工作环境，久而久之，大家遵守规则，认真工作。许多人认为，这样做太简单，芝麻小事，没什么意义。但是，一个企业产品质量是否有保障的一个重要标志，就是生产现场是否整洁。

作为一位出色的管理者，我们应当认识到破窗理论在企业中的重要作用。

对员工中发生的"小奸小恶"行为，要引起充分的重视，加重处罚力度，严肃公司法纪，这样才能防止有人效仿，积重难返。特别是对违犯公司核心理念的行为要严肃查处，绝不姑息养奸。

要鼓励、奖励"补窗"行为。不以"破窗"为理由而同流合污，反以"补窗"为善举而亡羊补牢，这体现了员工高尚的道德情操和自觉的成本意识。公司要提倡这种善举，通过表扬、奖励措施使之发扬光大。

自己要以身作则，不做"破窗"的第一人。自觉遵守公司规章制度，按程序办事。因为工作程序的制定一般都反映了对员工的约束机制，考虑了成本效益因素。违反程序，其结果往往是造成无序，破坏约束机制，增加成本，有害于公司，也有害于自己。

◎ 解决团队冲突的准则

冲突就是矛盾表面化、分歧情绪化、情绪对立化。对于所有团队和组织来说，冲突都是与生俱来、无法避免的。冲突，总是让人感到不快。并且当双方情绪对立的时候，就会导致感情用事。

例如，一家旅游公司的总经理非常赏识一个员工，总把重要的任务交给他。可是有一个很重要的工作他没有办好，经理非常生气，训斥了他。结果这个员工摔门而去。不久这个员工便在这家公司的对面开一个小的旅游公司，后来人们得知他开公司的目的不是为了赚钱，是要搅和对面公司。即使是自己赔钱也要搅和。并且每次他搅和黄一家，还要告诉这个总经理，这让总经理非常苦恼。

这个员工就是感情用事，其实谁都可能有把事情办糟糕的情况，做错事情挨了老板说是很正常的，这个员工这种做法对自己没有一点好处。

冲突只是沟通方式的一种，让大家有机会面对面的交换意见，彻底了解彼此的想法。冲突本应该是亲密关系的开始。两个人相处或一个团队相处，如果没有冲突，都是相互谦让不发生碰撞，人和人之间的关系就会停留在某一个距离上。如果要想有进一步的接触，就必然要有冲突，它是亲密关系、紧密合作的开始。因为有冲突，彼此才能真正表明自己的立场，才能真正的开始了解对方。

所以说冲突并不都是坏事，冲突是团队人际关系的晴雨表。在一个团队中，有没有保持一定的冲突，保持良性的冲突，还是恶性的冲突，根据这些我们可以预测这个团队还可以在一起工作多长时间，这个团队能不能坚持下去。

保持良性的冲突有利于企业的发展，但是，即便是良性冲突，人们往往也害怕发生，一方面是为了保护彼此的关系，以免伤了和气。结果为了避免冲突，避免关系被破坏，一些人便选择沉默，但是不沟通的结果，反而使彼此之间更为疏离，自我防卫心更重，更不愿意表达意见，长时间下去，矛盾会越来越深。

另一方面，有些人为了赶时间，把一些冲突拖后解决或不解决。认为时间紧迫，先做再说。然而，许多问题如果没有在第一时间沟通清楚，必然会不断地累积与扩大，结果，以后就要花更多的时间解决更多问题。因此，你越觉得时间不够用，越急着想把事情完成，出的问题越多。

作为一个管理者者该怎样管理好冲突，让团队发展得更好？

1.鼓励每个人都发言，用事实说话

管理者要鼓励所有人公开而直接的面对冲突。拒绝员工在私下里抱怨或是事后的批评，以便减少员工在台面下解决问题，破坏了团队成员彼此之间的信任关系。当然，每个人在公开提出自己的意见或者提出反对他人意见的时候，都会感觉不自在。这时领导可以起到表率作用，最先发言提出不同观点让大家讨论。或是主动反驳你自己的意见，这样团队成员也比较愿意说出一些不同的想法。

当有人提出不同的意见时，领导可以适时予以认同，以便增加对方的信心或是减缓对方的心里压力。可以具体说出自己的对方看法好在哪里，这样比只简单说个"很好"更有效。

冲突产生的原因是因为人们有着同样的信息数据，但却有着不同的解读，或者一开始就有着不同的数据，是因为对事物的意见不一产生的，为了避免一些冲突最后演变成人身攻击，一个好办法就是关注事实。帮助冲突中的团队成员弄清究竟发生了什么。有太多的这种情况，人们认为他们理解其他人的立场，这只不过是自己的想当然，所以要让每个人都阐释自己在说什么。这个简单的行为能够清除误解，并且能使交谈双方对对方的意见有着更开放的态度。

2.化解团队间中产生的情绪上非理性反应

在争辩的过程中，每个人都尽力维持客观，但难免还是会有情绪上的波动，例如愤怒的情绪。一旦情绪受到压抑或是批评，反而更难摆脱无谓的争执。当一个人的感觉受到威胁或是遭受攻击时，就更难改变立场或是接受别人的想法。所以，当某些人有情绪上的语言，不要严厉制止，反而可以鼓励他说出自己的想法，让他自然缓和自己的情绪。

3.身为领导应该要多听、多观察

领导切忌在一开始就阐述自己的观点，这样不利于员工们开放、多角度的讨论。所以，领导应该先让大家讨论，多观察，多听，可以适时的重复某个人所说的话，确认自己以及其它成员没有误解对方的意思。当所有人都表达完自己的意见后，最后再提出自己的想法。通常团队成员很容易接受领导的意见。当然，领导在陈述自己的意见的时候，一定观点明确，不能模棱两可，这让人感觉你在有所保留，就压制住了团队畅所欲言的氛围。

4.引导团队成员彼此信任，增强凝聚力

当团队成员在个人层面相互了解时，冲突管理往往会更容易。例如，在会议开始前三分钟请每个人介绍一下个人和工作的最新情况，有时候，正是介绍一下后，其他人对一些人的意见就可能化解了，因为有些冲突可能就是因为不理解对方的工作情况而产生的误解。然后大家在发表自己的不同意见，就可能更加顺利，领导在适时地进行调节，那么，当矛盾解开时，团队成员之间会增加信任感，增强凝聚力。

作为管理者在调节团队冲突中起着关键的作用，矛盾冲突不可避免，要想使矛盾冲突朝着良性方向发展，领导就要好好地研究一番，真正把矛盾化解开，是团队更加有凝聚力和战斗力。

第七章 修炼自身魅力的 8 个领导细节

孔子说："修己以安人。"管理是修己安人的历程。任何一个人，都应该先把自己修治好，再通过做人做事的具体表现，来促进大家的安宁。中国文化中诸子百家的管理思想尽管不同，但他们大多都认为管理学是一门"以人为本"的"修己安人之学"，管理就是一个"修己安人"的历程。

◎ 善为人者能自为，善治人者先自治

一个普通的人要想获得别人的尊重，就必须具有他人所没有的优秀品质，作为一个企业的管理者更是如此。如果你不具有独特的风格，你很难获得下属的尊敬；而在此特质中，最重要的就是管理者本人的自我要求，这一点其实是很自然的。有一句话叫做"律己才能律人"。

要求自己的原则与方法不是一朝可成的。你必须有"三军可以夺帅，匹夫不可夺志"的决心和毅力，在不断地尝试与努力中锻炼自己，促使自己一步一步地走向优秀领导的境界。

那么请问，你对自己的要求远甚于下属吗？偶尔你也会站在客观的立场上为自己的下属设身处地地想一番吗？要知道这种态度和涵养是自己身为领导所必须具备的。一天到晚为自己打算的人，绝非一个优秀的领导，要知道在你做这些努力的过程中，一举一动都逃不过下属的观察。

令人遗憾的是，有些领导总是忽视或没有能力做到这个"自我要求"，遇事总是喜欢归咎于他人。对一些荒谬透顶的事，他们做起来却感到特别安心。

譬如一家公司应该开发新产品了，赶紧召开员工大会，而无

能的领导常为自己大脑空空而坦然，却总在抱怨别人："这些家伙尽是窝囊废，竟然拿不出一个新构想！"其实，新构想不能全靠下属去构思，身为管理者应该先动动脑筋，先制定个框架，或先指明个方向，然后再要求下属全力筹划，这样靠着双方的努力便可把目标顺利达成。如果只是把责任全部推给下属，即使事情成功了，领导也失去了一个在下属心中赢得信任的绝好机会。要知道，如果你的下属在心里对你没有个好感觉，你就别想让他们很好地服从你。公司里有能力的下属可能表面在为你拼搏，暗地里却在想方设法取代你的位置呢。在一家企业里，下属之所以服从你，其理由往往不外乎以下两种：

（1）因为领导地位既高，权力又大，不服从则会遭到制裁；

（2）因为领导对事情的想法、看法、知识和经验均高自己一筹。跟着他做事，不必担心出错。

在这两个条件中任缺一项，下属都可能离你而去，或者与你分庭抗礼，势不两立。

有一句话叫做"善为人者能自为，善治人者能自治"。一家公司的业务能否在激烈竞争的潮流中得到发展，关键之处还在于管理者是否有正确的自律意识。管理者只有身体力行，以身作则，才能建立起人人遵守的工作制度。比如要求公司的职员遵守时间，领导首先要做出榜样；要求下属对自己的行为负责，领导也必须明白自己的职责，并对自己的行为负责。只有以身作则的领导，才能调动下属的自觉性，并影响他们朝着良性的方向发展。属于领导自己做不到的事，就不要要求下属去做；要求下属改掉坏毛病，领导就要首先自己改掉坏习惯。

培养良好的自律性、成为下属的表率，最好能参照以下几点建议去身体力行：

（1）首先乐于接受监督。据说，日本"最佳"电器株式会社社长北田先生，为了培养自己下属的自我约束能力，创立了一套"金鱼缸"式的管理方法。他解释说，员工的眼睛是雪亮的，领导的一举一动，员工们都看在眼里，如果谁以权谋私，员工们知道了就会瞧不起你。"金鱼缸"式管理就是明确提出要提高管理工作的透明度，管理的透明度一大，把每个下属置于众人监督之下，人们自然就会加强自我约束。麦当劳公司曾一度出现严重亏损，公司总裁亲自到各公司、各部门检查工作，发现了各公司部门的领导都习惯于坐在高靠背椅上指手画脚。于是他向麦当劳快餐店发出指示，必须把所有领导坐的椅背锯掉，以此促使领导深入现场发现问题，这一招竟使麦当劳公司经营状况获得了极大的转机。因为领导和员工们同乘着公司这一条船，只有平时同甘共苦，情况紧急时才会同舟共济。

（2）要保持清廉俭朴。作为一位公司领导，应该清楚自己的节俭行为，不管大小，都具有很强的导向作用。管理者的言行举止是下属关注的中心和模仿的样板。台湾塑胶集团董事长王永庆曾说："勤俭是我们最大的优势，放荡无度是最大的错误。"他是这样说的也是这样做的。在台塑内部，一个装文件的信封他可以连续使用30次，肥皂剩一小块，还要粘在整块肥皂上继续使用。王永庆认为："虽是一分钱的东西，也要捡起来加以利用。

这不是小气，而是一种精神，一种良好的习惯。"由此可见，要想成为一个卓越的管理者是相当不容易的，清廉俭朴这一点，你就应该努力做到。

（3）要戒掉自己的不良嗜好。不少管理者总有抽烟、喝酒的不良嗜好，这些东西给我们身心健康带来的害处就不必说了。单从对管理者个人素质和表率作用所产生的不良影响上说，就应该戒掉烟酒。譬如现在大中城市都在普及戒烟，国家还特别规定了戒烟日，如果自己还整天泡在烟雾中，将怎样对下属下达"戒烟令"呢？

◎ 以能服众不如以德服众

孔子曰："为政以德，譬如北辰，居其所而众星共之。"就是说管理者以道德来治理国家，他就会像北极星一样，自己安居在其位置上，而众星都环绕并拱卫着它，形成强大的向心力和凝聚力。

金世宗完颜雍，虽然以少数民族的身份入主中原，却信奉儒学，以"德治"作为自己的治国原则。他实施"德治"宗旨，就是想尽一切办法使社会得到安定，在安定中求得稳步发展。

金朝初年，皇帝的护卫亲军，年龄大了后都得改任地方临民官。金世宗对此提出异议，说："护卫都是武人，有的连字都不会写，怎能治民呢？天子以黎民百姓为赤子，不能亲自过问每家的事，只能依靠各级官员。明知官员不称职而强授之，老百姓会说朕什么呢？"于是命令护卫皆改任他职。世宗本人躬行节俭，很大程度上也是从爱民的角度出发的。他曾说过："朕如果想使饮食丰盛，每天宰五十只羊也能办得到。但一想到浪费的都是老百姓的血汗，就于心不忍。"

元妃李氏死，金世宗到兴德宫举行葬礼。他见街市上十分冷落，就对随行的大臣们说："不应因元妃之丧而影响了百姓的生计，让他们照常营业。"还有一次，世宗因事驾幸兴德宫，朝官们请他走前门，金世宗怕出行的队伍妨碍了市民的生业，便改从别的路走。

金世宗始终把"德治"看做是社稷的根基，身体力行，使得金朝出现了一段繁荣局面。这使他自己在历史上也享有很高的声誉。《金史·世宗本纪》对他的评价是：金世宗由于在位前长期在地方任职，所以十分了解国家祸乱的原因，知道管理官吏的得失，即位五年，就实现了南北和平，与民休息；接着躬行节俭，推崇孝悌，讲信赏罚，重视农桑，谨慎挑选官员，严格督查责任。他孜孜不倦，夜以继日，治国利民，真可以称得上是"得君之道"，当时就被人称为"小尧舜"。

"德乃为人之本，本固则德厚，德厚则威高。"良好的道德修养是为人立业之本，是人格魅力之基。有道德、品德，就有人格魅力，就有吸引力，就有凝聚力，就有感召力，就能够成为一个核心，就能够被众人拥戴，就会形成权威。

法国管理学家法约尔在《工业管理与一般管理》一书中指

出："重要领导人在道德品质方面，哪怕是最小的缺陷都可能导致最严重的后果。"只有那些有德的管理者，才能被称为一流的管理者。

成都恩威集团公司总裁薛永新十分强调人生经营，其目的就是讲管理者的道德素质的极端重要性。他用佛家的"四无量心"来修养自己的身心。所谓修"四无量心"就是培养"仁爱"之心。修"四无量心"就要排除"十恶八邪"，走"八正道"。"八邪"，指邪见、邪思维、邪语、邪命、邪精进、邪念、邪定、邪业。"八正道"，指正见、正思维、正语、正业、正命、正精进、正念、正定。薛永新认为："高尚的道德像生命一样宝贵。因为没有高尚的道德，宝贵的生命就很容易在人生的海洋中迷失、淹没、断送。人生离不开好的品德，就像生命离不开一颗好的心脏一样。高尚的品德，就是人生健强的心脏。它是人生的一个重要部分。没有它，人生就完了。"

古人云："才者，德之资也；德者，才之师也。"才华是让品德良好的人更加出色的凭借，而品德则是有才华之人的统帅。管理者只有具有高尚的道德品质，才能对员工产生巨大的感召力和说服力。员工往往对管束管理者的能力表示钦佩，进而服从，但是更多的时候是为了管理者的道德品质所感动，进而产生无条件的服从和信赖。如果老板道德品质低下，即使他的职位再高、资历再深、能力再强，也会失去威信和影响力，从而失去对员工的有效管理。

◎ 润物无声，魅力胜于管教

"随风潜入夜，润物细无声。"人格本身是一种有价值的力量，管理者只有依靠其人格所产生的威望（地位和权力难以产生人格魅力）潜移默化地影响自己的员工。

汉代名将李广，不但是一位骁勇善战、百发百中的神箭手，而且还是一位体贴士卒、廉洁奉公的将军。他历任七次郡太守，前后四十余年，每次一得到朝廷的赏赐，立即分赏给其部下，同士卒一起吃喝。他家没有多余的财物，也始终不过问家产的事。他带兵打仗，每次长途跋涉、口干舌燥之时，遇到水源，总是先让士卒喝。如果全部士卒没有饮够，他就决不进水；如果士卒不全部吃饱，他决不进食。再加上他平时对下属和蔼、宽厚、不苛求，所以士卒们都爱戴他，很乐意被他任用。

中国人重视"以德服人"，而不是"以才服人"或"以力服人"，就是要求管理者要用自己的高尚宽厚的人格感化对方，使其心甘情愿地服从自己。这一管理思想是建立在管理者的道德感化基础之上的，管理者的道德越高尚，对于被管理者的感应性也就越大。

彼得·德鲁克主张："品格是发挥领导力的手段。"德行具有精神、意志和感情的一种性质，它们慢慢地灌输品格的力量和人格的稳定。

1994年6月，进入华为的金森林正赶上C＆C08数字机问世，经过了紧张而有序的短期技术培训以后，他被分到总测车间。7

月的一个晚上，由于用户板厚膜电路来料不良，测试进度非常缓慢。吃夜宵的时间过了很久，所有的测试人员都还沉浸在测试中，没有一个人去用餐。将近午夜12点，车间的门开了，一位五十来岁食堂大师傅模样的人领着几个食堂工作人员推着餐车进来了，他一边给盛饭，热情地招呼大家喝点鸡汤，一边要大家注意休息不要太熬夜。也许是吃了夜宵的缘故，后面的测试居然比较顺利，在不到一点钟的时候就全部测完了。

8月的一天快下班时，部门主管通知金森林晚上七点去参加新员工座谈会。会议主持人宣布座谈会开始，并兴奋地告诉大家，今天有幸请到了公司总裁参加新员工座谈会。在掌声中，金森林差异地发现那个他一直以为是食堂"大师傅"的人站了起来，对着与会人员深深地鞠了一躬，说："欢迎大家来到华为公司，我叫任正非，希望大家喜欢华为公司。"他边说边走到大家面前，从口袋里拿出一大叠名片，一次次将名片递过去，并与新员工们一一握手致意。

名片发毕，任正非开始给新员工讲话，精彩的发言赢得了阵阵掌声，其中一段话让金森林记忆尤为深刻："我希望大家在十年以后还保留我的名片，把华为当成自己的家，尽管目前大家的岗位不一样，但我希望你们踏踏实实地干好它，就如法国的焊接工人一样，一辈子做焊接，直到做成世界一流的焊接专家，我期待着大家的成功。"

现在金森林仍然保留着那张名片，每当看到它，他的眼前便浮现出那段紧张而又令人难忘的日子。

权力不会自动点燃你的魅力，有权力并不意味着你有某种魅力可以掌握人心。一个员工愿意为他的老板或企业竭尽全力工作，很重要的原因就是因为他的老板所拥有的个人魅力像磁铁般吸引了他的心，激励他勇往直前。

有魅力的老板才有感召力，有感召力的老板往往有魅力。人格魅力远胜于权力。老板要想团结、凝聚所有的成员，就要"注重人格的感化力，以德才能服人，而不是借权威管人"。只有这样，员工们才会信任并敬仰他，企业内部也才会出现"桃李不言，下自成蹊"的局面。

一位心理学家说过："每个人都有一方魅力的沃土，等待你去开垦。"加强自身的道德修养，培养自己的领导魅力，以仁德征服人心，以正直换取信任，以诚实赢得尊重，以无私获取追随，是每个管理者提高内在道德素质，树立良好外在形象的必修课。

◎ 树起你的诚信大旗

孔子在《论语》中说："君子信而后劳其民，未信则以为厉己也。"意思是说，管理者必须先取得下属的信任，然后再去号下属。孔子还说："上好信，则民莫敢不用情。"管理者讲信用，你所管理的员工没有不敢说真话的。

施信于人，是管理者必备的美德。管理者在管理过程中以诚信待人处事，则其他人也会以诚信回报，彼此之间便会形成强大的凝聚力。

三国时代的诸葛亮四出祁山时，所率兵马只有10多万人，而司马懿却有精兵30万。蜀、魏在祁山对阵，正在这紧急时刻，蜀军有1万人因服役期满，需退役回乡，而离去1万人，会大大影响蜀军的战斗力。服役期满的士兵也忧心忡忡，大战在即，回乡的愿望恐怕要化为泡影。这时，将士们共同向诸葛亮建议：延期服役1个月，待大战结束后再让老兵们还乡。诸葛亮断然说道："治国治军必须诚信为本。老兵们归心似箭，家中父母妻儿望眼欲穿，我怎能因一时需要而失信于民呢？"说完，诸葛亮下令各部，让服役满的老兵速速返乡。诸葛亮的命令一下，老兵们几乎不敢相信自己的耳朵，随后一个个热泪盈眶，激动不已，决定不走了："丞相待我们恩重如山，如今正是用人之际，我们要奋勇杀敌，报答丞相！"老兵们的激情对正在服役的士兵则是莫大的鼓励。蜀军上下群情激愤，士气高昂，在形势不利的情况下击败了魏军，诸葛亮以信带兵取得了以少胜多的战绩。

诸葛亮以信为本，赢得了全军将士的信赖和拥护，激发了他们高昂的斗志和献身精神，保证了战斗的胜利。

管理者失去诚信，就失去了领导力。领导力，归根结底是诚信力量的问题；执行力不足，是诚信力量缺失的现象。影响力，说白了，靠的就是诚信的力量；管理魅力，就是管理者的诚信力量。诚信是有经济价值的。做人、做事、做生意，诚信度低，成本高，风险大。所以，管理的一切力量，从诚信中来，失去诚信，管理力量必然减弱。没有诚信，领导力、执行力，其力何在？

"诚实守信"的信条，是李嘉诚一生唯一不可改变的追求。他一生用一个"诚"字赢得了现在所拥有的一切。

创业初期，在长江塑胶厂濒临倒闭的那些日子里，李嘉诚备受打击。有一天他回到家里，强作欢颜，担心母亲为他的事寝食不安。知儿者莫过其母。母亲不懂经营，但懂得为人处世的常理。她用佛家掌故来喻示儿子：很早以前，潮州府城外有一座古寺。方丈云寂知道自己在世的日子不多了，就将两袋谷种交给两个弟子——一寂、二寂，要他们去播种插秧，到谷熟的季节再来见他，看谁收的谷子多，谁就可继承衣钵，做庙里的主持。谷熟时，一寂挑了一担沉沉的谷子来见师父，而二寂却两手空空。云寂问二寂，二寂惭愧道，他没管理好田地，谷种没发芽。云寂便把袈裟和瓦钵交给二寂，指定他为未来的主持。一寂不服。师父道："我给你们的谷种都是煮过的。"

李嘉诚悟出母亲话中的玄机——诚实是为人处世之本，是战胜一切的不二法门。

翌日，李嘉诚回到厂里，召集员工开会，他坦诚地承认自己经营错误，不仅拖垮了工厂，损害了工厂的信誉，还连累了员工。李嘉诚说了一番渡过难关、谋求发展的话，员工的不安情绪基本稳定，士气也不再那么低落。紧接着，李嘉诚一一拜访银行、原料商、客户，向他们认错道歉，并保证在放宽的期限内一定偿还欠款，对该赔偿的罚款，一定如数付账。李嘉诚丝毫不隐瞒工厂面临的空前危机——随时都有倒闭的可能，恳切地向对方请教拯救危机的对策。李嘉诚的诚恳态度使他得到了他们中的大多数人的谅解。

李嘉诚抽调员工，将积压产品归为两类，一类是有机会作为正品推销出去的；一类是款式过时，或质量粗劣的。正品卖出一部分后，李嘉诚不想被积压产品拖累太久，全部以极低廉的价格卖给专营旧货次品的批发商，在制品上的质检卡片上一律盖上"次品"的标记。

被裁减的员工回来上班，李嘉诚还补发了他们离厂阶段的工薪。长江塑胶厂出现转机，产销渐入佳境。

1955年的一天，李嘉诚召集员工聚会。他首先向员工鞠了三躬，感谢大家的精诚合作。然后，用难以抑制的喜悦之情宣布："我们厂已经基本还清各家的借款，昨天得到银行的通知，同意为我们提供贷款。这表明，长江塑胶厂已走出危机，将进入柳暗花明的佳境。"话音刚落，员工顿时沸腾起来。散会前，每个员工都得到一个红包，由李嘉诚亲自分发。

李嘉诚回首这段岁月时说："信誉、诚实也是生命，有时比自己的生命还重要。"

诚信是一种看不见的心理力量，一种不可或缺的精神力量。一个企业的凝聚力是管理活动得以有效实施的基本保证，而管理者的权威以及诚信则是形成企业凝聚力的必备条件。如果诚信不能自始至终，就会人心涣散，凝聚力和向心力也就消失了。而要达到凝聚的目的，管理者必须坚持操守，以诚信赢得人心，才能取得事业的成功。

诚信的力量，是人生根本的精神力量；诚信的智慧，是人生根本的智慧。诚信的智慧，人人皆有，与生俱来。用诚信的智慧，唤醒诚信的心灵，管理者以诚信待人，员工就会以诚信回报。

◎ 以身作则，做员工学习的标杆

《论语·子路》记载，有一次子路向孔子请教怎样管理政事，孔子曰："'先之劳之。'请益。曰：'无倦。'"意思是说，管理者首先要给自己的老百姓带头，然后才能让他们勤劳地工作；并且，管理者要永远以身作则，不能倦怠。"君倡而臣和，主先而臣随。"所以，儒家认为，管理者是被管理者的表率，其言行具有示范的意义。

孔子还有个著名的观点："政者，正也。"所谓"政"，就是管理者的自我端正。也就是说，管理者在要求别人之前，首先要端正自己的品德、作风、言行、举止等，否则，你就不可能管理他人，尤其不能让你的追随者信服。所谓"上梁不正下梁歪""其身不正，有令不行；其身正，不令而行"，讲的也是这个意思。

日本企业家井植薰就是一个以身作则的典范。他自律甚严，时时为员工做出表率。比如，他每天早上七点准时到达公司，其误差率几乎精确到秒的程度。天长日久，公司大楼的门卫竟然把他当成了标准的时钟。每当他的身影出现在公司大门前，门卫就会下意识地伸手看看自己的手表，嘴里说"真准时啊"，或"我的手表怎么慢了一分钟"。

井植薰将这种准时上班的习惯坚持了几十年，一直到退休，这是非常不容易做到的。他为什么这样苛刻地控制自己的上班时间呢？提早上班比准时上班省心多了。但井植薰认为，如果提早上班的话，也许会给员工造成某种苛求的印象。他说："大家可能会学你的样，比你来得更早，这不是好办法。想来想去只有一个办法，那就是我现在所做的，分秒不差。"由此也可见他严于律己、宽以待人的胸怀。

在一个企业，管理者的行为是员工们的榜样。优秀的管理者，应当成为员工的楷模，不仅是有形地在工作中时常给予员工指导，无形中也要将为人及作风带给员工，让他们在潜移默化中形成强有力的凝聚力。

台湾鸿海集团董事长郭台铭说："领导人要以身作则，任何困难的事，半夜不睡，待在现场的人里一定有我。"他是这样说，也是这样做的。

为了赶上交货期，郭台铭有很多次站在生产线上，有一次用手一一测试每一个从模具刚刚开发出来的成品，结果手被锐角划破流血。有的时候，不但郭台铭站在生产线上，他的太太林淑如也站在生产线上动手赶做产品。如果遇到客户退货，他除了生气骂人外，更会放下董事长的身架，亲自带着员工上门赔礼道歉。

郭台铭每天开会马不停蹄，长时间工作，员工跟着不敢懈怠。"富士康的业务员，没有回家吃晚饭的权利。"一位资深业务经理说："总裁都不回家吃饭，你为什么要回家吃饭？"

身先士卒并不仅仅是为了唤起员工的凝聚力，也是决策的需要。从实践中来的决策者是正确的。"你要知道梨子的滋味，就要亲口尝尝。"

印度公司的员工到深圳龙华来实习，最经受不住的是天天吃中国菜，要给他们专门准备印度菜。而为了建设印度基地，郭台铭不但亲自去现场考察，而且还要吃印度菜。"从我开始，我们要认识印度，就要从吃印度菜开始。"郭台铭不但要自己吃印度菜，还要儿子媳妇都要喜欢吃印度菜。

在郭家流行吃印度菜时，连"郭妈妈"也不能幸免。郭台铭说，他不仅带母亲去吃印度菜，还承诺下次要带母亲到印度去看一看："她听了还挺高兴的。"吃印度菜并不因为喜欢不喜欢，而是国际化的需要。郭台铭在股东会上说："你怎么移植富士康的文化到巴西去？怎么移植到印度去？就从吃印度菜开始。"

郭台铭说："美国曾做过一个调查，几十年来，经营不错的公司，问题都不在管理，而在领导。还有一个结论，尝试培养很多员工，给他很多训练，让他做很好的领导，最后都失败了。因为管理可以训练，领导没法训练。"任何一个组织重要的不是管理，而是领导。怎样才是成功的领导？我不晓得。但我可以告诉你怎样的领导不成功：不身先士卒的领导、朝九晚五的领导、遇事推诿的领导、希望讨好每个人的领导、赏罚不分明的领导。"

"总之，身先士卒是领导统御的诀窍。最困难的，我就先跳下去。这几年来，打重要的战争，我一定自己去做。只是再过几年，我会找一些人来分担领导的责任，我会退到二线去，并不是避免受伤，主要是给各事业群领导磨炼、独当一面的机会。我要培养综观全局的人，他一定领导过，如果没有领导过，没有人会听你的。领导就是一场实验的战争，所有经验的积累。"

率先垂范，永远会唤起下属的崇敬感。管理者以身作则的行动是对员工最实际、最有力的动员和教育，对员工的思想有着潜移默化的影响，在调动员工工作积极性的过程中有着不可替代的作用。当管理者以身作则，将企业的价值观融入到自己的行为中去时，员工也会忠实地遵守那些信念。

日本企业家士光敏夫说："以身作则最有说服力。""部下学习的是上级的行动。"美国企业家亚瑟·布里恩说："位居领导位置的人需要许多天赋的才能，其中最重要的是以身作则。"榜样的力量是无穷的。管理者必须能以身作则，率先垂范，以此来感召员工，凝聚人心。对于任何一个企业和组织来说，管理者都是员工的表率，管理者的一言一行对员工有着极为重要的影响。自己先行动起来，通过身体力行地做好工作，树立起自身积极、公正、认真、自信的上级形象，做一个能够率领、带动、感染、激励团队朝着既定目标勇往直前的"领军人物"。

◎ **用宽广的心胸凝聚人心**

官渡之战，袁绍接连失去了许攸、张舒、高览几员大将，又失去了乌巢粮草，一时军心惶惶，在曹操的不断进攻下，袁绍终于溃败。为了逃之，他将随身携带的书信、车仗、金帛全部抛弃，曹操的军队缴获了大量的弃物。

曹操在袁绍留的书信中发现，其中厚厚一叠全部是曹操手下的将领与袁绍的往来信件。曹操身边的人主张，"可一一点对姓名，收而杀之"。曹操认为："但袁绍之强，孤亦不能自得，况他人乎？"于是下命令全部焚烧，不再追究。此举大得人心。

有时宽容引起的道德振动比惩罚更强烈。人心不是靠武力征服，而是靠宽容大度征服的。日本PHP研究所常务董事兼副总裁江口克彦说："宽容度越大就越有人为你效力，共创前途。"一个心胸宽厚的管理者，是最能让员工从心底产生敬意的。

美国总统林肯，勇于负责，意志坚强，同时心胸宽广，很能包容他人的弱点和错误，经常使人感动。有一次，有人告诉他，他的国防部长埃德温·斯坦顿曾骂他是个该死的傻瓜。林肯听了却轻描淡写地说："如果斯坦顿说我是个该死的傻瓜，那我很可能是的，因为他办事一向认真，他说的十之八九是正确的。"斯坦顿得知后极为感动，马上到林肯面前表示了崇高的敬意。

一个管理者，除了拥有别人所没有的权力，同时也承担着别人所没有的责任。既然有责任，决定要承担，就必须容他人所不能容。

很多大企业都有个非常好的哲学观念，就是容忍下属犯错："容忍下属犯错，是公司应该支付的成本"。一个下属不学习是不可能成功的，不让他有犯错的机会，他是不会吸取教训的。当然并不是怂恿下属可以无限制地犯错，而是要给他改错的机会，教他改错的方法。一个小学生做作业时，老写错字，如果老师一味责怪他，他可能今后还会出错。如果耐心细致地给他讲解，不厌其烦，再给他做示范，这样才不会打击他的幼小心理。管理者对员工的态度也应该如此，应鼓励员工敢于创新，勇于改错，培养员工的自信心。

索尼公司的领导有一颗宽容的心，他们允许员工犯错，员工不会因一时之错担惊受怕，从而使他们安心工作，并敢于大胆地去探索，尽力发挥自己的聪明才智。盛田昭夫曾对员工说："放手去做好认为对的事情，即使你犯了错误也可以从中得到经验教训，不再犯同样的错误。"

在索尼公司，并不把责罚犯了错误的员工摆在首要位置，关键是要找出犯错误的原因。日本东京一位美日合资公司的总裁总对盛田昭夫抱怨说，公司有时会出差错，但却找不出由谁负责，真不知为什么。盛田昭夫说，找不出最好，如果真找出由哪位员工负责，可能会影响到其他的员工。即使你找出了犯错误的人，你也很难处理：这个人也许在公司干了一段时间，即使你把他开除了也无济于事，你还得找一位熟练的员工接替他；如果他是一位新来的员工，那么犯错误就更不足为奇。就像对待小孩犯错误，你和他一起找出错误的原因，这并非损失，而是获得了教训。

管理者的宽容精神能给予下属以良好的心理影响，使下属感到亲切、温暖、友好，获得心理上的安全感。在宽容的环境中，员工们对失败没有顾忌，更不会隐瞒，也不会寻求庇护，这有助于管理者更快地找到失败的原因，有利于问题的解决。

微软的文化具有宽容性，它允许员工犯错误，让员工从错误中学习，因为微软认为犯错误者能够从中吸取教训。因此，微软副总裁强·提凡曾说："如果解雇了犯错的人，也就是等于否定了这个教训的价值。"

在微软，员工不用担心因为犯错而受到惩处，也不用担心犯错会影响今后的拔擢，因此员工不会因畏惧而怯于挑战新事物，这种对待犯错误的态度使微软员工不轻易放弃任何争取进步的机会，这大大地激发了他们的想象力。而正是这种独特的文化氛围，使微软公司能不断地创新和发展。

微软一位程序员埃勒发现公司的BASIC语言软件中的着色功能有缺陷，他花了几天时间才改好。然后，就很得意地去找比尔·盖茨了。

他说："比尔，你看看这个，我找到了一处设计错误。""错在什么地方？"比尔问。

"你看，居然在这里。很难想象是哪个没脑子的混蛋写了这段程序。"

"你能证明现在没问题了吗？"

"是的。"

"很好。"

后来，埃勒才发现那个写错误程序的"没脑子的混蛋"就是比尔·盖茨。

古人曰："学问深时意气平。"智慧越高，心胸越是宏博。我们看到比尔·盖茨的谦让大度，"宰相肚里能撑船"。他不在意对方过激的态度或言辞，而是勇于承担自己的责任。

宽容大度是现代管理者健康心理的重要表现，这种品质反映在管理者身上，可以像润滑剂一样，使人与人之间的摩擦减少，增强管理者与员工之间的团结，提高群体相容水平。

心胸宽则能容，能容则众归，众归则才聚，才聚则企业强。管理者宽容的心就像一块磁石，吸引、激励着员工。一个管理者的气度越宽大，越能使众人归心，为己尽力。

◎ 做个人人喜爱的人情味领导

即使你有最强烈的赚钱动机，也最好保持一份人情味儿，不要让人嗅出你的"铜臭"味。

人们总是习惯于对他人建立一个影像，然后与这个影像交流，而不是他本人。这些影像都是有特定模式的，通常是被曲解的或是建立在偏见基础上的，很少是通过客观分析及理性建造形成的。例如：会计。我们为会计建立的影像便是：他们极少开口说话，从不张扬不该张扬的东西，他们具有特定的程序以及功能。

遗憾的是，许多人吸收了别人所设想的他的特征，而不在是原本的他。他们开始扮演他人所期望的角色。这一点在领导身上体现得尤为突出。

作为领导的关键不在于产生一种你认为领导是什么样的影像，也不在于按照员工认为一个领导是什么样的影像来产生，关键在于就是做一个人。也就是除去那些你认为某些人应是怎样的概念。就是说要平等对待每一个人。

重要的就是忘掉每个人身上的标签："他是管人事的，她是会计，他是开车的……"同样重要的是，千万不能将人们分成不同类别。如果将人们分成不同类别，只会让我们很容易地根据带有偏见性的假想对他们的行为做判断，而不是根据他们的真实表现来做决定。

作为管理者，很容易以自我为中心产生影像来增加自我重要感。往往，管理者们总是自以为是，不再谦卑，失去对员工的尊敬。这种自我重要感大大地低估了那些在最前线却没有如此特权的员工对公司的贡献。

真正优秀的管理者应是采取简单而且基于常理的方法，真的将员工当人看待而不是某种影像，给人以平等感。信任员工，尊重员工，听取员工的意见，向人们吐露秘密，与大家开玩笑，真的对人产生兴趣。这些管理者甚至真的希望从别人身上学到更多的东西，得到后，并示以感激之情。

这都是很简单的道理，同样也是人之常情。如果你希望别人可以为你付出他们的全部，你必须要有人情味，将别人当作人来看待。

要记得保持你的人情味儿，与员工打成一片。这样员工就会对你心生感激和尊重，愿意与你在一起，并通过努力工作回报你，你的队伍就会创造更多更好的业绩。

◎　领导者拥有威信的五个关键点

权力和地位赢不来下属的真心尊重。下属对上司的尊重是来自于上司的威信。上司要把工作做好，必须在下属面前有威信。

那么，什么是威信呢？威信是领导者在下属和群众心目中的威望和由威望而产生的信任。威信，就是威望和信任两者的结合。

威信是一种非权力性的影响力。一个领导者，由于身在其位，自然有权，有权就可以使下属服从其意志和指挥，但这却不意味着领导者一定有威信。而有了威信，同其拥有的权力结合，方能在下属那里具有真正的权威，权力也才能得到更有效地运用。可以这样说，权力是权威的前提，威信则是权威的内在灵魂。

领导者要想以自己的才智和能力树立威信，主要应做到以下几点：

1.精通业务

领导者对于本职范围内的主要业务，必须由熟悉进而做到精通。这是在下属面前树立威信的基本条件。一般说来，组织上不会委任不懂业务的人担任管理职务，但在有些情况下，担任某种管理职务的人，开始时可能不大熟悉本行业务，这就必须抓紧学习，尽快熟悉业务，并逐渐成为本行的专家。在这个问题上是没有什么捷径可走的。

2.有决策能力

一个遇事没有主意、优柔寡断，致使问题久拖不决的领导者，或者一个凡事硬作主张、专横武断，致使决策经常失误的领导者，在下属面前自然不会有威信。下属在工作中最关注上司的决策能力强不强，在需要作出决策的时候，有没有胆量及时作出正确的决策。

领导者多谋善断，敢于拍板，是最能赢得下属的钦佩和信任的。就如一位军事指挥官，若能经常作出正确的作战部署，指挥部队常打胜仗，自然会在广大指战员心目中树立起高度的威信。

3.善于组织

任何一个领导者都有几个甚至好几个下属，管理一群人或若干项事业。领导者的职责就是要把这些人和事合理地组织起来，像是组装起一台机器，使之顺畅稳定地运转。工作情况和任务有了变化，能够及时地调整人力。要建立健全各项管理制度，使各方面工作规范化、制度化，以保证单位整体工作协调有序地正常运转。

领导还要善于运用组织的力量，充分发挥下属的作用，不需事必躬亲。这样的领导者，自然会受到下属的尊重和信任。

4.知识广博

作为一个领导者特别是较高层次的领导者，如果知识面很窄，是很难得到下属尊敬的。一些年轻的下属，往往愿意和上司谈谈工作以外的话题，如国际形势、科学技术、新的发现发明、文学艺术作品等。如果领导者平时注意阅读书报，熟悉这些问题，能以自己的见解同他们交谈，自然会赢得他们的尊重，从而有助于树立自己的威信。

5.良好的品德与人格

领导者以自己的品德和人格树立威信，要注意以下几点。

以身作则。要求别人做的，自己首先做到；要求别人不做的，自己首先不做。

公正待人。对下属不分亲疏远近，一视同仁，是领导者正派、正直的优良品质的重要表现。

清正廉洁。其最基本的要求是秉公办事，即使是普通群众，与己毫不相识的人，甚至与己不和的人，都一视同仁地处理，不设障碍，不要好处；不该办的事，哪怕是达官贵人，亲朋好友所托，也坚决不办，决不徇私情，决不收礼受贿。

做到这一点，就可以说是保持了清正廉洁的作风，就会在下属和群众中赢得崇高的威信。

第八章　人人都爱听你的9个沟通细节

企业中往往会存在缺乏沟通的问题，这对企业的健康成长极为不利。企业家、经理人应当能冲出缺乏沟通的困境。当然，企业中缺乏沟通也可能是经理人自身存在的问题，你与别人沟通的方式会影响别人与你沟通的方式。做一次自我评估，你会发现别人都在效仿你。因此，要改善企业中的沟通现状，自己要首先行动起来。

◎ 架起沟通的桥梁

著名管理学家巴纳德认为："沟通是一个把组织的成员联系在一起，以实现共同目标的手段。"有关研究表明：管理中70%的错误是由于不善于沟通造成的。由此可见沟通能力很重要。

世界上没有一种动物能够真正单独地生活。它们要依靠各种方式和同伴相互沟通，才能存活下去。蜜蜂即以"跳舞"为信号，告诉同伴各种蜂蜜信息，沟通完毕后一起去采蜜。

奥地利生物学家弗里茨经过细心的研究，发现了蜜蜂"舞蹈"的秘密。蜜蜂的舞蹈主要有"圆舞"和"镰舞"两种形式。工蜂回来后，常做一种有规律的飞舞。如果工蜂跳圆舞，就是告诉同伴蜜源与蜂房相距不远，约在100米左右。工蜂如果跳镰舞，则是通知同伴蜜源离蜂房较远。路程越远，工蜂跳的圈数越多，频率也越快。如果跳8字型舞，并摇摆其腹部，舞蹈的中轴线跟巢顶的夹角，正好表示蜜源方向和太阳方向的夹角。蜜蜂跳舞时头朝上或朝下，与告知蜜源位置之方向也有关联。

这就是管理心理学中著名的"蜂舞"法则。"蜂舞"法则揭示的道理是：信息是主动性的源泉，加强沟通才能改善管理的效果。

沟通是领导的重要活动内容和组成部分，有效沟通可以起到以下几点作用：

（1）使组织成员感到自己是组织的一员；

（2）激励成员的动机，使成员为组织目标奋斗；

（3）提供反馈意见；

（4）保持和谐的劳资关系；

（5）提高士气，建立团队协作精神；

（6）鼓励成员积极参与决策；

（7）通过了解整个组织目标，改善自己的工作绩效；

（8）提高产品质量和组织战斗力；

（9）保证管理者倾听群众意见，并及时给予答复。

日本的成功管理经验最主要的特点就是注意沟通。如职工参与决策过程，质量控制圈，管理者与员工在一个敞开的办公室一起办公，所有各级员工工作后的社交活动以及领导与被领导之间不强调地位、身份等，都是促进沟通的具体表现。日本的管理经验证明，只有通过公开的各种沟通渠道，使员工获得所有信息，然后大家一起决策，这样的组织活动才能有效率和效益。日本经理们认为，尽管沟通有时花去一些时间，但这种沟通上的投资可以调动人的积极性，使每个人都能尽最大的努力为组织群体服务。

美国一些大公司已建立各种沟通渠道和网络，使职工与领导之间、职工与职工之间进行广泛的沟通，有的甚至采取公司与顾客之间进行沟通的方法满足他们的需要，预见他们的要求。美国国际商用机器公司就是保持与用户经常的沟通，了解世界市场信息，从而提供最佳服务，独步全球。

　　所有领导工作都需要自上而下的或自下而上的有效沟通，只有有效的沟通，上下级之间、同事之间才能有理解、和谐的气氛，才能将所有人的积极性调动起来，为组织的总目标服务。

◎ 建立完善的沟通制度

　　迪特尼公司是一家大公司，早在多年前管理者就认识到员工意见沟通的重要性，并不断地在实践中加以强化，使公司的员工意见沟通系统日渐成熟和完善。特别是在20世纪80年代，面临全球性的经济不景气时，这一系统对提高公司劳动生产率发挥了巨大的作用。

　　迪特尼公司的员工意见沟通系统是建立在这样一个基本原则之上的：凡是个人或机构一旦购买了迪特尼公司的股票，他就有权知道公司的完整财务资料，并得到有关资料的定期报告。凡是本公司的员工，也有权知道并得到这些财务资料和一些更详细的管理资料。迪特尼公司的员工意见沟通系统主要分为两个部分：一是每月举行的员工协调会议；二是每年举办的主管汇报和员工大会。

　　1.员工协调会议

　　早在多年前，迪特尼公司就开始试行员工协调会议，员工协调会议是每月举行一次的公开讨论会。在会议中，管理人员和员工共济一堂，商讨一些彼此关心的问题。无论在公司的总部、各部门、各基层组织都举行协调会议。这看起来有些像法院结构，从地方到中央，逐层反映上去，以公司总部的首席代表协调会议为最高机构。员工协调会议是标准的双向意见沟通系统。在开会之前，员工可事先将建议或怨言反映给参与会议的员工代表，代表们在协调会议上把意见转达给管理部门，管理部门也可以利用这个机会，同时将公司政策和计划讲解给代表们听，相互之间进行广泛的讨论。

要将迪特尼上万名职工的意见充分沟通，就必须将协调会议分成若干层次。实际上，公司内共有近百个类似的组织。如果有问题在基层协调会议上不能解决，将逐级反映上去，直到有满意的答复为止。事关公司的总政策，那一定要在首席代表会议上才能决定。总部高级管理人员认为意见可行，就立即采取行动。认为意见不可行，也要向大家解释不可行的理由。员工协调会议的开会时间没有硬性规定，一般都是提前1周在布告牌上通知。为保证员工意见能迅速逐级反映上去，应先开基层员工协调会议。

同时，迪特尼公司也鼓励员工参与另一种形式的意见沟通。公司四处安装了许多意见箱，员工可以随时将自己的问题或意见投到意见箱里；为了配合这一计划的实行，公司还特别制定了一项奖励规定。凡是员工意见经采纳、产生了显著效果的，公司将给予优厚的奖励。令人鼓舞的是，公司从这些意见箱里获得了许多宝贵的建议。

如果员工对这种间接性的意见沟通方式不满意，还可以用更直接的方式——面对面和管理人员交换意见。

2.主管汇报

对员工来说，迪特尼公司主管汇报、员工大会的性质，和每年的股东财务报告、股东大会都相类似。公司员工每人可以接到一份详细的公司年终报告。这份主管汇报有20多页包括公司发展情况说明、财务报表分析、员工福利改善计划、公司面临的挑战以及对协调会议所提出的主要问题的解答等。公司各部门接到主管汇报后，就开始召开员工大会。

3.员工大会

员工大会是利用上班时间召开的，每次人数不超过250人，时间约3小时，大多在规模比较大的部门里召开，由总公司委派代表主持会议，各部门负责人参加。会议先由主席报告公司的财务状况和员工的薪金、福利、分红等与员工有切身关系的问题，然后便开始问答式的讨论。在这里有关个人的问题是禁止提出的。员工大会不同于员工协调会议，提出来的问题一定要具有一般性、客观性，只要不是个人问题，总公司代表一律尽可能予以迅速解答。员工大会比较欢迎预先提出问题的这种方式，因为这样可以事先充分准备，不过大会也接受临时性的提议。

迪特尼公司每年在总部要先后举行10余次的员工大会，在各部门要举行100多次员工大会。那么，迪特尼公司员工意见沟通系统的效果究竟如何呢？

在20世纪80年代全球经济衰退中，迪特尼公司的生产率平均每年以10%以上的速度递增。公司员工的缺勤率低于3%，流动率低于12%，是同行业最低的。许多公司经常向迪特尼公司要一些

有关意见沟通系统的资料，以作参考。或许有人会问：既然效果
如此显著，为什么至今采用的公司不多？

　　答案很简单：这一计划对管理人员来讲是一件很费劲的工
作，而且又不是短期内可以奏效的。一些眼光短浅的经理宁愿以
较低的生产率，较高的员工缺勤率、流动率，来勉强维护公司的
运转，也不愿大刀阔斧地改革，解决公司的根本问题。

◎ 不拘形式地进行良好的沟通

　　管理者与员工进行沟通，就不拘形式，风格多样，才能提高
沟通的效率，增进沟通的进程和效果。

　　1.全方位、多途径地沟通

　　"沟通"的特点和用途在优秀公司中的表现明显与其在一般
同业中的表现不同。优秀公司是信息和开放式沟通联络的一张庞
大网络。其模式和密度，使员工彼此间沟通和联络的特权得以发
展。系统内混乱的财产之所以能得到很好的管理，正是沟通的规
律性和特性的反映。

　　优秀公司非常注重无拘束的非正式沟通。例如，迪斯尼公
司的每名员工都佩戴一个写着自己名字的标签；惠普公司也非常
注重员工的名字，此外还实行"门户开放政策"；拥有35万员工
的IBM公司绞尽脑汁地推行"门户开放政策"，受到全体雇员的
推崇，该公司的董事长通过其雇员来答复顾客向他提出的所有抱

怨；德尔塔航空公司也把它推行得颇具成效；在莱维·斯特劳斯公司，自由沟通甚至被称为"第五种自由"。

使管理不再只是局限于办公室内，是不拘形式沟通意见的另一大创举。联合航空公司的爱德华·卡尔森称自由沟通为"有形的管理"和"走动管理"，而惠普公司则认为这是"惠普方式"的重要一环。

提供精简的环境有助于自由沟通的开展。康宁玻璃公司在新盖的工程大楼内安装升降扶梯，用以增加面对面沟通的机会；著名的矿务巨头3M公司协助任何申请者组成俱乐部，以便增加午餐时间意外解决问题的机会；花旗银行把意见分歧的不同部门的职员安排在同一幢楼上班后，分歧意见便很自然地被解决了。

是什么导致了这样的结果呢？答案是：全方位、多途径的沟通。惠普公司所有的金玉良言均与加强沟通有关，即使是惠普的环境设备和精神信条也都更多地强调了沟通。在旧金山附近的公司里，你稍微走动一下，就会看到许多人聚在一起讨论问题。这种专案小组的会议可能都会包括研究发展、制造、工程、市场与销售部门的员工。但是有许多大公司的经理从不与顾客或销售人员谈话，也从不瞧一眼或摸一下产品！一位惠普公司的员工在谈到该公司的核心组织经验时说："我们也不清楚到底哪种组织结构最好，我们唯一明确的就是，先进行无拘无束的自由沟通，这是解决问题的关键所在，我们必须不惜任何代价来坚持！"

3M公司的信条同惠普公司的大同小异，该公司的一位主管说："我们抛开繁文缛节，与每一位员工进行自由的交谈。"以上所有的例子都可以归纳为"无拘无束自由沟通的技巧"。

2.餐桌面谈沟通法

随着企业的发展壮大，企业中的雇员会大为增加，组织机构的设置也会越来越复杂。在这种情况下，经理人颇感头痛的问题就会增多，比如各职能部门之间的协调与沟通问题。随着企业规模的扩大，为了便于管理，需要设立彼此独立的各个部门。但是企业要成为一个有机的整体，部门之间的沟通就显得十分重要。而在实际管理实践中，各部门之间的沟通往往会遇到很多障碍。有一家公司找到了一种极为简便的方法来增进各部门之间的沟通，这就是"餐桌面谈法"。

这家公司是西诺普提克斯通讯公司，专门生产配套计算机系统。在四年的时间内，这家公司的雇员由11人增至425人。企业的规模不断扩大，5个职能部门之间的彼此沟通就显得越来越重要。而在实际中，各部之间的沟通存在不少的障碍。

有一次，生产部门的主管实在是难以忍受其他部门的不配合，就对组装一种新型电路耗费工时过多连连抱怨。这引起了公司总裁的注意。时任该公司总裁的是安德鲁·拉德威克。他为了解决这位主管的抱怨，专门请来这位主管和一位工程师，和他们一起用餐。在就餐时，让他们就如何加快组装的问题进行协商。二人的协商是很有效的。最终，他们找到了一个简单的加快组装的办法：只需更换一种更小、更便宜的部件，就能大大缩短工时。受这次用餐协商成果的启发，拉德威克想出了"餐桌面谈法"，并认为这是解决实际问题、增进部门间沟通的非常简便的方法。

每个季度，这家公司都会在总部所在地举行一次午餐会。总部位于加利福尼亚州的蒙顿维尔。在这里，每次摆上5张餐桌，请来两个相关部门的要员共享丰盛的午餐。当然，用餐并不是目的，目的在于让他们找出解决问题的办法，席间，都要提出一些有待解决的特定问题。针对某一特定问题，每位用餐者都要想出自己的解决办法，向大家陈述之后，用餐者就进行评价，直到找出最佳的解决办法。

餐桌面谈法是富有成效的，这家公司已经用它解决了很多复杂的问题。

3.转悠管理沟通法

转悠管理，也称漫游管理或巡回管理，是一些成功企业常采用的管理方法之一。所谓"转悠"，就是领导人员到基层去巡视，并在巡视中发现问题，解决问题。

企业界人士都十分重视转悠管理，坐在办公室听汇报、打电话、发布文件的企业领导人越来越少。他们把"走出办公室"作为自己的信条，不仅以身作则，常年在外巡视，而且严格要求手下的小头头们也"走出办公室"，到基层去办公。

阿尔科公司的总裁鲍勃·安德森"转悠"成瘾。他一边"转悠"，一边还要检查手下人是否也在"转悠"。当他"转悠"到某地，向某一个部门打电话时，恰好部门的头头接了电话，他马上就来了气，对这位不下去"转悠"的小头头感到失望。

有的公司还对分部经理提出许多"转悠"的具体要求，比如

"转悠"的次数、对手下人员了解的程度。达纳公司的负责人麦克弗森就曾干过这样一件事：有一名经理在某部门呆了6年还不能全部说出手下人的姓名，麦克弗森就解雇了他。

美国联合公司董事长埃德·卡尔赫初到任时，联合公司正萎靡不振。卡尔赫刚到任，就直奔现场，向现场工作人员直率地提出许多问题，请他们作详细回答。他没有笔记本，对于调查中发现的问题，他从来就是记在废纸片上，塞进口袋里。他从不命令第一线人员干这干那或搞个什么改革，除非是事关安全的问题。他也不当场纠正他不喜欢的东西。他要依靠正常的管理程序来解决问题。

从现场回到总部之后，他就立即采取行动。他有一种本事，让整个指挥链上的各个环节都很快知道他发现了问题，并且要立即解决。然后，他就同那些在巡视中和他谈过话的一线工作人员联系，让一线人员知道公司已经在采取什么措施了。他也与下面的有关职员联系，让他们认真检查，以保证新措施的执行。

惠普公司创造了一种独特的"周游式管理法"，鼓励领导人深入基层，直接接触广大职工，为此目的，惠普的办公室布局采用少见的"敞开式"大房间，即全体人员都在一间敞厅中办公。各部门之间只有矮屏分隔，除少量会议室、会客室外，无论哪级领导都不设单独的办公室。同时不称职衔，即使对董事长也直呼其名。这样有利于上下左右通气，创造无拘束和合作的气氛。

各式各样的"转悠管理"都使得高层管理人员切实了解实情，切实发现各种问题和听取意见，切实采取有效措施，并更加密切上下级关系，因而能够保证企业不偏离"航线"，保证企业目标的实现。

◎ 重视员工会议中的沟通

员工会议是企业内部员工相互交流的一个场所。事实上，员工很少能有机会在其他场合进行交流。成功的员工会议可以增强交流和认同，解决员工在人际关系上所出现的问题。

必须重视员工会议在企业内部沟通中的作用。成功的员工会议包括三个主要的部分：由员工在会议上汇报其最近的工作状况；鼓励员工提出建设性意见，制订合理的行动计划；讨论所在部门在过去一段时间内，有无好的做法增进企业的整体业绩。

一般来说，员工在人际关系上出现问题，有两种原因：要么是缺乏交流，要么是缺乏认同。

如果处理得当的话，这两类问题均可以通过员工会议加以解决。会上，可以同员工即时进行交流，可以当着众人的面认可他们的成绩。这样做并不仅仅意味着充当拉拉队队长的角色，更大的动机在于，员工们必须承担起责任来进行自我推动。而作为领导所肩负的职责，就是创造一个可促使员工自我推动的环境，计划周密的每周员工例会将是一个很好的沟通场所，有助于增强员工认同彼此出色的工作。

成功的员工例会应该有这样一个重要议题，就是每个员工都要让到会的人员知道他最近的工作情况。包括最近时期内完成的工作，以及所遇到的挑战等。举个例子：一个负责人事招聘的员工可能会提到，最近 1 周通过他们的努力填补了企业诸多职位空缺，而某些职位空缺是因为某位领导的决定拖延或中介企业提供的人选不适合，而没有得到预期填补。

让每个人谈论自己的境况能让所有的员工了解其他人工作进展。很多时候，员工们并不清楚别人的工作职责和进度，很容易想当然地认为自己在做所有的工作。而一旦他们听到其他人的工作职责和进展时，才会更正确地评价同事的贡献。此外，员工可能并不了解自己的工作对其他人的影响。这样，员工之间容易产生抱怨，由于缺乏交流，而无法及时解决问题。

常规例会让每个人都有可能最大限度地了解周围的最新动态，允许和鼓励员工们分享信息。这种会议不是"从上向下"传达指示，而是"从下向上"反馈情况，收集信息，并让大家彼此了解和尊重各自在工作中所作出的贡献。

员工例会的第二个部分，是要在作决定的过程中引入建设性的意见。诸如问道："针对现有状况，我们要采取何种措施来彻底改造所在部门的工作流程？"通常的结果是，最好的想法往往来自那些看上去是在冷眼旁观的员工。

很多另谋高就的员工在原企业的人力资源部门提及离职的原因时，涉及理由多是因为没人在意及理会他们的想法，对此，他们倍感失望。如此一来，每天的工作只是机械地重复着早晨上班、晚上下班，他们的积极性和创造力受到极大的抑制。其实，我们只需简单地征求他们的建议，就能满足他们最基本的心理需求，并产生截然不同的积极效果。何乐而不为呢？

在会议上，员工提出的问题，可能已超出了你力所能及的范围。但你的目的是帮助员工们去关注在现有资源下能做些什么。首先，你应该将建议的所有权赋予提出建议的人，从而真正地鼓励员工着眼于现有的做事方法。其次，你要制订一个很小的、容易执行且适合一周工作量的行动计划，并征求自愿者担当该项计划的先头兵。如此授权不仅给予了员工提出更好建议的充分自由，也树立了你自身的权威，使得修正后的方法上打上了你个人的烙印。

员工例会的第三个部分，是你的部门在过去一段时间里，比如一周或一个月中，有没有更好的做法增进企业的整体业绩。这有利于增强员工的团体意识，使员工能意识到自己对整个企业的意义。招募员工是为了给企业增加收入、减少费用及节省时间，凡是涉及这三方面中的任何一个问题今后有可能影响到企业发展的问题，都应该在员工例会上进行讨论、研究甚至一再提及。"我们可以采取什么不同的做法？"这一想法与开始的问题是自然相对应的，反映出特定的时期整个部门的工作进展，同时使大家有机会进行案例分析，类似的情形在以后得到更有效的解决。

每周的例会究竟要达到什么目的？这也是检验员工例会是否有成效的标准之一。首先，当你鼓励员工之间彼此交流、认同及信任时，就意味将强化整个企业的企业文化。因为当一个人脑子里缺乏周围的信息，脑子形成一种真空时，这部分空间会充斥着胡思乱想。而通过员工例会能增强了解及认同，使无中生有的猜测减少，这样会使每个人都活得更轻松些。其次，当你的员工们与你及他们相互之间有更多的面对面的机会时，同事间的友谊将会最终得到发展。

这样非经常性地检验员工的表现，无论对个人还是整个团队来说都是受益匪浅的。这些问题会激发大家讨论一些更深入的，关于本部门所扮演的角色与整个企业其他部门之间关系的话题。

总之，也许你还会有其他的方法来促进员工之间的交流。但无疑，员工会议是一个最有效、成本最低的方法。事实上，成功的员工会议能解决企业员工内部交流的60%的问题。

◎ 寻找共同话题，打开员工心扉

管理者要和员工沟通，就必须学会交谈。交谈是人们传递信息和情感、增进彼此了解和友谊的一种方式，但在交谈中想把话说好却不是轻而易举的事。要使交谈起到上述的媒介作用，管理者就应该注重培养和提高自己的交谈技巧。

任何交谈要想顺利进行，首先需要把握的就是交谈的话题。与人谈话最困难的就是应讲什么话题。一般人在交际场中，第一句交谈是最不容易的。因为管理者不熟悉对方，不知道对方的性格、嗜好和品性，同时时间也不容许管理者多做了解或考虑，而且冒昧地提出特殊话题也是不礼貌的。因此对于管理者来说，必须就地取材，从当时的环境来觅取比较合适的话题。如果相遇地点在朋友的家里，那么对方和主人的关系可以作为第一句。比如说：您和某先生是同学吧？姑且不说这样问对不对，这样肯定能引起对方的话题。问得对的，管理者可以依原意急转直下，如果管理者猜得不对的，根据对方的解释又可顺水推舟，在对方的话题上畅谈下去。

管理者需要随机应变，而不能过于呆板，这是顺畅交谈的要素。不要过分的注重个人的道德因素，认为自己不应该撒谎。人很难做到不撒谎，有些时候不撒谎，话题就无法进行下去。据统计，每一个人平均一天要说三千句话，其中80％都在撒谎。只要谎言对对方不会造成伤害，而且有利于话题的顺畅进行，有些时候撒点谎也是可以的。

共同话题的主动权是应该掌握在管理者手中的。共同话题往往来源于员工和管理者的共同点，这些共同点往往容易拉近员工和管理者的距离。管理者在和员工交谈的时候，要根据员工的兴趣爱好来寻找共同话题。员工的职业、个性、阅历及文化素养等方面的不同，会导致他们的兴趣和爱好也会有所不同，而且每一个员工的爱好会随时间和地点的改变而有所改变。管理者如果知道员工对某个方面特别感兴趣，不妨从员工感兴趣的话题谈起，这样往往能够较容易地打开对方的"心门"。一般来说，可以从以下方面来寻找共同话题：

一是从员工的口音找话题。员工的口音往往能够表明身份和经历。管理者要大胆地猜员工的口音。猜对了，固然可喜，两个

人有了共同的话题；猜错了，也很可喜，因为员工往往会告诉你他是什么地方的人，这样你们还是找到了共同的话题。

二是从员工的穿戴来寻找共同话题。员工的衣着、举止，在很大程度上可以反映出他的身份和地位。这些都可以作为管理者判断并选择话题的依据。如果看到一个西装革履的人坐在较大的办公室，管理者就可以判断其为主要负责人，即使是猜错了，也可以借这个错误的判断来恭维他。只要接上了话，整个局面就可以很轻松地控制在管理者手中。

三是从共同遭遇谈起。"同是天涯沦落人，相逢何必曾相识"，一般来说，遭遇相同或者近似的人容易形成共同话题。管理者可以通过共同的遭遇和员工寻求心灵上的共鸣。对于这类的遭遇，管理者可以和别人侃侃而谈，尽量制造良好的交谈氛围。

四是从共同物件谈起。如果管理者和员工有共同的物件，往往可以从共同物件谈起。比如员工有一个皮包和管理者的皮包是相同的式样和型号，管理者就可以从谈皮包出发，来引诱别人和自己交谈。

◎ 让员工把看法说出来

要想办法让员工把看法说出来。

员工们常常会有一些领导不曾想到的见解。对于工作怎样完成，要同谁打交道，自己拿到手要处理的工作会产生什么问题，员工心里考虑的非常清楚。如果忽视他们的见解甚至对这些见解不屑一顾，领导就失去了能使组织运作得更好的宝贵信息。忽视员工的想法，这样的做法一旦固化，员工就有可能不会再提任何建议。

李嘉诚是一个善于沟通的人，他认为在团队中，要和别人有效地沟通必须要懂得倾听。李嘉诚经常讲到一个问题："森林中一棵树倒了下来，那儿不会有人听到，那么能说它发出声响了吗？"借用这个道理，李嘉诚反问："在一个团队里，如果你说话时没人听，那么能说你进行沟通了吗？"

李嘉诚在一次给中层领导的演讲中提到："如果在一次互动中，有人提出一些与你不同的意见，你粗鲁地警告别人不要自大，甚至打断对方说话，那么几次之后，所有的人都不会再有勇气对你的意见进行反驳了，连正直的人也会冷眼旁观，你就变成了孤家寡人。大家发言时都会只看你的态度，所谓的互动成了你的'一言堂'。正确的做法是，你应该告诉那个提出批评的人：'好的，让我们仔细讨论你的意见，首先听听大家的意见，然后我们再进行选择。'"

要想成为有效的领导，就必须和员工沟通，明确表示你愿意随时听取他们的意见。

首先，要让员工敞开心扉，表达对领导的看法。领导对每一种观点都要加以考虑，并予以认真评述。但不要和员工争论或者试图纠正员工的看法，你应该感谢他们，并从他们的角度来理解这些意见。你要下决心聆听和考虑员工的意见，创造一种多听他人意见的气氛，这样才能对自己的行为做出明智决定。通过征求并接受反面意见，可以了解员工对你的期望，而不必去揣摩他们的想法。

好的征求反馈的方法有助于做好这件事。避免使用疏远别人或令人感到难堪或是备受责备的言辞。比如可以这样说："我一直在考虑自己的领导作风。我知道大家觉得我……"

类似的话语向听者表明：你知道自己做的某些事不受人欢迎，也表示你对所做的这些事情是负责的。另外，由于你愿意与对方谈论一些个人的事情，听者还会因此而感到自己受到重视。这是使别人站到你这一边的关键一步。他们会帮你实现你所希望的变化。不要讲："我听说，你说我……"这听起来有指责的味道。不要牵涉到对方，只谈自己。

其次，要让对方告诉你，你做的事情让别人对你有何种看法。可以这样问："据你观察，我的做法是否让别人对我有这种看法？"这样问就表明：你知道自己做的某些事情使大家产生了看法；但你不知道是哪些事，而对方知道；对方可以告诉你。

这时应该明确表示你并不像别人所说的那样，并且说明你打算改变这种情况。可以这么说："你知道，我不希望别人这样看我，我希望能改变大家的看法。"你没承认也没有否认别人的看法，也没有责备谁错了。你只是表明不希望别人用目前的这种看法看待自己，而且希望有所改变。仅仅是这种做法，就可以使别人对你有新认识。

最后，征求员工的建议。询问员工希望你怎么做。不要问只用"是"或"不是"就能回答的问题。如果问那样的问题，为了避免可能出现的不快，别人很可能会随口附和你，但他们对你的看法却不会有所变化。

如果你让员工有机会告诉你，他们如何看待你和你的所作所为，反过来他们也会给你提供一些信息，帮你更有效地领导他们，更好地与他们共事。最终，他们对你的看法也会改变。要表明自己的诚意，就要用毫无威胁感的方式不断征求反面意见，要明确、不断地向员工说明。因为，员工通常不愿表示出与上司相左的意见。你欢迎不同的看法，而且会认真对待这些意见，还需要你用行动来证明你的诚意。

如果相信领导能够倾听并考虑自己的想法，员工会更加服从指挥，更加拥护领导的决策。如果不鼓励员工进行思考，他们就不愿意开动脑筋，他们会一字一句地按领导的旨意办事，直到更高层管理人员发现这样做事行不通为止。

◎ 与员工沟通要把握要点

一位有教养的管理者，不仅要对管理知识有很深的把握，而且应该很好地把握说话的奥妙。大量事实证明，管理者说话的魅力并不在于说得多么流畅和滔滔不绝，而在于是否善于表达真诚！

管理者在与员工沟通时，一定要把握好几个重要方面，这样

才能让沟通顺利进行下去。主要包括以下几个方面：

1.处处体现出诚意

最能和员工交往的管理者肯定不会是一个口若悬河的管理者，而是善于表达真诚的管理者。当管理者用十分得体的话来向员工表达真诚时，他自然能赢得员工的信任，进而建立起信赖关系。员工信赖该管理者，自然会愿意和管理者交往，并将这种和谐的关系保持下去。

对于管理者来说，如果缺少真诚，滔滔不绝、一泻千里、说话就像做空洞的演讲一样，自然会让对方对其无法产生认同感。管理者说话成功的关键就在于在谈话中注入真诚，并将自己的心意传递给对方。只有当员工感受到管理者的诚意时，他才会打开心扉，接受管理者的说话内容，实现和管理者的沟通，进而和管理者形成良好的关系。

在与员工沟通的过程中，还可以通过自曝弱点来表示自己的真诚。有些管理者在面对员工时，往往会说自己在人际交往中很笨拙，因此在交往的过程中有什么得罪的地方或者言语有什么不妥的地方，还希望员工能够提出批评意见。这是真诚的表现，通过表现自己的真诚，管理者可以让员工迅速认同自己，进而愿意和自己保持一种良好的关系。这种方法被很多管理者所采用，有些管理者虽然已经是交往高手，但是为了表示真诚，还是向员工表明自己相当笨拙。当员工在交谈的过程中漏洞百出时，管理者往往表示理解，并给予一定程度的认同。这些都是为了向别人表达自己的真诚。真诚的管理者容易赢得员工的尊重，而不真诚的

管理者却让员工厌烦。

2.用得体的称呼

管理者首先必须和员工打招呼，引起员工的注意，因此就必须在称呼上讲究一些艺术。一般来说，对有身份和地位的员工，一般是用十分尊重的语气说出员工的姓名和头衔，对于头衔上有"副"字的员工要尽量将"副"字省掉。称呼要因人而异，要因年龄而异。在交往的过程中要不断地强化自己的称呼技巧。千万不要随便地称呼员工，除非已经和员工相当熟悉了，否则很容易让员工感到不适。

3.要处处尊重员工

员工对自己的声望、尊严、地位和成就都是相当看重的，即使是口头上说无所谓的员工。管理者要注意尊重员工，满足员工的自尊需要。不要用任何讽刺的话来挖苦员工，这样才能让员工对领导产生亲近心理。

4.说话把握分寸

管理者在交谈的过程中要进退有度，不要将任何话说过头或者将话说得太满。一般来说，说话过头的管理者往往最后很难控制局面，因为员工对太满的话很容易找出破绽，进而质疑管理者，而且管理者要花相当的精力去解释自己所说的话，如果解释不清楚，就很难赢得员工的信任。

◎ 沟通不能无所顾忌

　　管理者在和员工交谈的过程中，有些态度和表现是相当忌讳的。这些态度和表现很可能使管理者丧失交谈中的主动权，导致交谈的失败。这些忌讳主要包括以下几个方面：

　　1.与员工争论

　　在和员工的交谈过程中，管理者应该尽量表现随和，通过热情和真诚来感化人，但是千万不要试图通过争辩来说服员工。争辩只能导致矛盾和不满，即使员工口头上认同管理者的说法，管理者也别相信别人已经心服口服。在和员工交谈的过程中，谁对谁错本身就是无所谓的事情，关键是要和员工形成一种有利于管理的关系。如果能和员工形成这种关系，员工永远是对的又有何妨？

　　2.以自我为中心

　　在和员工的交谈中，不要以自我为中心，否则很容易给员工造成他们无法控制局面的感觉。在交谈的过程中，应该尽量让员工感觉到自己把握主动，所有的环境因素都在自己的掌握之中，在这样的环境下，员工才有可能自觉自愿地和管理者形成一种良好的关系。

　　3.言过其实

　　对员工的赞扬应该有度，对自己的介绍也应该有度。过分的渲染或者热情都会让人产生虚伪的感觉，而虚伪的感觉一产生，管理者所致力建立的诚信体系自然土崩瓦解。言过其实的说法是不足信的，这是每个人都知道的常识。

4.挖苦员工

员工不管说了什么做了什么，管理者都不应该挖苦员工。即使员工在众目睽睽之下有任何不雅的动作或者不雅的言谈，管理者都不应该挖苦他们，要注意时刻体谅员工，原谅员工的过失。挖苦员工对管理者来说没有任何好处，相反如果体谅员工往往能够得到员工的认同。

5.谈员工的隐私

除非是员工主动告诉你他的隐私，否则不要随意去打探员工的隐私。隐私是员工所拥有的一些不愿公开的秘密。凡是知道这些秘密的人都会是员工的朋友，同时员工也会对这些人有所戒备。

尊重员工的隐私，是尊重员工人格的表现。如果管理者不顾员工保留隐私的心理需要，盲目地去询问员工的隐私，就会影响两个人的谈话效果，还会让员工对自己产生不良的印象，进而损害管理者和员工的关系。

即使是员工主动将自己的隐私告诉管理者，来征求管理者的意见和看法，管理者也应该注意回答的内容，不要得意忘形，像一个专家一样出谋划策、说三道四。只要说一些象征性的话就行了。如果员工非要管理者说一些建设性建议，管理者不妨给员工讲一个故事，说他有个朋友曾经也遇到这样的事情，结果是怎么样解决的，仅供他参考。这样即使建议没有任何效果，甚至起到相反的后果，管理者也没有必要自责什么，员工也不会将过错归结到管理者身上。

6.提员工的伤心事

员工的伤心事不能当作谈话内容，一来是因为员工的伤心事并不想被很多人知道，除非这个员工心理上有某种急于倾诉的需要；二来员工如果沉湎于伤心事中，就很难和管理者交谈下去，因此管理者要极力回避别人的伤心话题。虽然通过同情别人往往能够赢得别人的好感，但是提及别人伤心事的办法终究不是高明的谈话方法。

7.说员工的尴尬事

当得知员工有些尴尬的话题时，管理者一定要回避。因为尴尬的话题一说出来往往会使员工觉得特别别扭。尴尬话题可以说是别人的禁忌话题，管理者在会见员工之前一定要弄清楚别人对哪些话题十分尴尬。

◎ 九大技巧提高你的沟通力

真正有效的沟通，并非一日之功。以下技巧有助你提高沟通能力，解决沟通中碰到的难题，使你的每次沟通富有成效。

1.妥善处理期望值

要想消除双方期望值之间的差异，一种方式是订立业绩协议。员工与企业签订的业绩协议可使双方明确彼此的期望和要求，帮助设计双方都能达到的目标，并且定期评估协议以确保双方的目标和要求都能得到实现。

另一种方式是清楚说明你的期望。这样，能否达到你的期望，对方有责任向你说明。

这种做法可以使你根据需要对自己的期望做些有效调整，预先消除可能出现的伤害和失望感。

2.培养有效聆听的习惯

人们之间的沟通充满变数（如自己和别人的谈话及聆听风格等），因而既复杂又具挑战性。设身处地是成功沟通的一个关键因素。

聆听，但不要受别人情感的感染。别人有难处时，应设身处地理解别人，但不能为这种情感左右。必须为自己留点精力去做自己的事。记住，不要做一块海绵，什么都予以吸收。

3.认真积极听取、积极给予反馈

一般来说，反馈是事实和情感因素的结合。沟通中的实质信息和关系信息很容易带来误解，招致不满。因此，在提供反馈意见时，应强调成长进步，不要妄做评判或横加指责。听取别人的反馈时，则要抓住其中对自己有价值的东西，不要计较对方的身份和沟通的方式，做到言者无罪，闻者足戒。

4.坚持诚实

有时，实话实说的确伤人。但诚实最终能增加建立稳固长久关系的机会。因此，诚实非常重要。如果有什么事烦扰你，尽量直接说出来，以免小事化大更难处理。

5.平息对方的怒火

对方怒气冲冲时，如何冷静处之，使对方平息下来？在此向你介绍几招：

（1）让对方的火发泄出来；

（2）表示体谅对方的感受；

（3）询问是否需要帮助；

（4）针对问题谈问题，也就是就事论事。

一般情况下，最正常的反应是，找惹人发怒的人谈谈，然后逐一解决问题。

6.有创意地正面交锋

所有其他方式都行不通时，唯有正面交锋。这也是摆平各方、理顺头绪的一个机会。如果不愿正面对垒，不要因为害怕而逃避，要理直气壮。当然有的时候，借故避开不失为最明智之举。

7.果断决策

如果你疲惫不堪、心中烦恼或忙得无法分身，坦然地说出来。另找一个时间，使自己处于最佳状态来处理局势和有关人员的事。

如果优柔寡断、迟疑不决，可采用以下步骤予以补救：回顾所有事实；反复过滤各种可行方案；选择最佳方式，哪怕这意味着你要多受点委屈；一旦决策，立即行动。

8.对失误不必耿耿于怀

沟通中出现失误，让你失望或受到伤害，不要挂在心上。不妨自问一下，想不想背上这包袱？自己能从中得到什么？一旦尽心尽力地澄清了沟通中出现的失误，就要为自己付出的努力骄傲，该过去的让它过去。一番心血没有白费，心中巨石落地，该高兴才是!

9.视意见为财富

柯达公司曾发生过这样一件事:一名普通工人写了一封建议书给董事长乔治·伊士曼,内容简单得令人吃惊,只是呼吁生产部门"将玻璃擦干净"。事虽不足为道,但伊士曼却认为这是员工积极性的表现,立即公开表彰,发给奖金,并由此建立了柯达建议制度。

该公司职工曾提出建议200多万项,被公司采纳了约有60余万项。该公司职工因提出建议而得到的奖金每年总计都在150万美元以上,而柯达公司从中受益的又何止千万美元呢。

企业最大的财富是人的聪明才智。

企业领导人应该鼓励每一个员工积极地提出改进工作的建议;必须使他们知道,他们的建议将会得到认真的研究,并且也真正这样做。如果能像柯达公司那样,在企业中建立起良好的建议制度,凡所提建议能给企业带来效益的,给予重奖。这样必然会促进企业全体职工同心协力,使职工对自己的工作发生兴趣,对自己的工作考虑得更多并总是设法去改进自己的工作,这是管理者激发人们聪明才智的有效手段。

柯达公司对职工提出的每条建议都进行认真审查,一般经过以下过程:职工提出建议后,由各车间委员根据建议的独创性、思索程度、适应性和效果等内容进行评定和选拔,分为特别、优秀、优良、A、B、C和建议7个级别;凡属最后两级建议的提出者,由车间委员会予以表扬;B级以上提交厂小组委员会,在那里再次进行评定和选拔，并对B级和A级的建议提出者给予表扬；
特别、优秀、优良三级建议提交厂改进工作委员会审查后进行表
扬；特别级建议要征询公司表彰审查委员会的意见。

后 记

在传统的观念中，企业和员工的利益是相对立的。管理者会把员工当作分享企业利润的敌人，在这种管理理念下，企业与员工是雇佣与被雇佣的关系，员工只是企业的一颗螺丝钉，管理者可以随意对员工发号施令，员工必须服从。当时代发展到了今天，管理者已经越来越认识到在这个以服务为主导、信息密集、竞争激烈的时代，企业和员工的利益是一致的，因为个人的创造力、竞争力以及主动精神，才是现代企业竞争中最重要的资源。

人是生产的第一要素，只有在和谐的环境中，员工才能激发出最大的责任心和工作动力，企业的竞争力才能得到提高，才能保证企业快速健康发展。劳动关系不和谐的企业是没有生命力的，没有广大员工的积极性和创造性，任何企业的发展都是不可想象的。

中国人向来有"家和万事兴"的说法，兵法中除了"天时、地利"之外，也将"人和"放在了一个十分重要的位置上。而对于企业的管理者来说，企业就像是一个大家庭，管理者应当通过建立良性互动的从上到下的沟通风气，创造出和谐的管理模式，让在各个位置上的"家人"各司其职，团结合作。这样，达到了"人和"的企业才能在激烈的市场竞争中立于不败之地。

优秀的企业管理者是用"待人如待己"的黄金法则去对待员工的，要怀着"己所不欲勿施于人"的思想去人性化管理企业，要知道员工才是企业真正宝贵的财富，没有了好的员工，再好的企业也会垮台。就像一位著名管理学家说的，"把我的员工带走，几年以后我的企业会是一片废墟；把我的企业带走，把我的员工留下，几年以后我会拥有一个更好的企业"。管理者在要求员工忠诚服务公司的同时，自己有没有反省过，如何去做一个最佳的雇主呢？有没有真正地去关心过员工，去满足员工的心理需求。人与人之间的任何交往都是双向互动的，当老板从员工身上得到越多的时候，相应地，员工也会得到更多的机会和待遇。

因此，正确处理好企业老板与员工之间的关系，真正建立起一种相互交流、相互依存、相互信任、相互忠诚的沟通氛围，将带给企业的是发展，带给员工的是成功；它将有助于双方更好地走向未来、赢得明天；它将凝聚出一股冲天士气支撑企业大厦。